日本剣道と西洋劍技

題字「養正氣」 大日本武德會長 陸軍大將男爵 奈良武次閣下

「其動如神」 宮內大臣 松平恒雄閣下

「萬法歸一」 聯合艦隊司令長官 海軍大將 永野修身閣下

「知彼知己」 陸軍大將 林銑十郎閣下

序文 遞信大臣 永井柳太郎閣下

駐日伊太利 特命全權大使 ヂヤチント アウリーチ閣下

題簽・扉字 磯野學申先生

跋 野口駿尾先生

昭和丙子秋
柏城

其
動

如神

源恒雄

萬法

帰一

修身書

序

今回我が國劍道界の巨人中山博道先生が審美書院から「日本劍道と西洋劍技」と稱する著述を公にせらるゝことは洵に時宜に適したる企てとして私の衷心から贊意を禁ぜざる所である。從來日本劍道に關する著述は多數あるが西洋劍技と比較對照したる著述は恐らく今度が初めてゞあらう。元來劍道終極の目的は劍技を超越したる武士道卽ち我が日本精神に立脚したる最高道德の體得にあると信ずる。武士道は、一言にして盡せば、卽ち大和魂の顯現である。大和魂は發しては萬朶の櫻となり凝つては百鍊の鐵となると云ふ、卽ち日本民族の最高道德である忠孝仁義の結晶したるものが、日本劍道の精華となつて其の光彩を發揮して居るのである。私は西洋劍技のことは知らぬけれども西洋劍技も亦、終極の目的とする所は所謂騎士道に在ると云ふことである。我が武士道と西洋の騎士道とは決して同一に論ずることは出來ない。けれども日本劍道も西洋劍技も共に其の根柢は劍を用ひる人の精神そのものであつて、斷じて區々の技術でないことは東西の武道の期せずして一致する所である。今中山博道先生が私の信ずる所、又言はんとする所を其の著述「日本劍道と西洋劍技」に依りて遺憾なく闡明せられ、日本國民のみならず普く世界人にこれを提示せられんとすることは、擧世滔々として物慾に趨り、利慾のために爭鬪を事とし、同胞を殺戮して、尙且耻とせざる現代に對して一大教訓を與ふるものと云ふべく、私は本書「日本劍道と西洋劍技」が世界人に一人でも多く愛讀せらるゝことを熱望し敢てこれを江湖に推奨する所以である。

昭和十一年九月一日

永井柳太郎識

di un tempo, quantunque continui a farsi, specie in Italia, in Francia e in Ungheria; in Ungheria sopratutto la sciabola, in Francia la spada e il fioretto, in Italia tutt'e tre le armi: nelle Olimpiadi e nei grandi tornei internazionali la lotta finale si riduce sempre ai rappresentanti di questi tre Stati. La ragione di tale diminuzione degli amatori della scherma credo sia duplice. L'una è che, diventando sempre più rari i duelli, la sua utilità per quanto riguarda la difesa personale è ormai quasi del tutto scomparsa; l'altra che nel secolo XX si è diffuso nel continente europeo l'uso di inumerevoli altri sport, i quali attraggono molti giovani che ancora nel secolo scorso, in mancanza di una scelta variata come l'attuale, si sarebbero in gran parte dedicati alla scherma.

La scherma rimane però uno sport aristocratico perchè non si presta a esibizioni vistose in stadi immensi: essa, per la velocità e la strettezza dei suoi movimenti, specie nel fioretto e nella spada, non può essere apprezzate se non veduta da vicino e dai non molti che ne conoscono le regole e vi hanno esercitato l'occhio. E rimane uno dei più alti sport, perchè rappresenta la vittoria della forza intelligente sulla forza bruta, dello spirito sulla materia.

Giacinto Auriti

Dopo scritte queste righe è giunta qui notizia dei risultati nelle gare di scherma delle Olimpiadi di Berlino. Essi confermano quanto ho sopra asserito sul primato della scherma italiana in Occidente. La squadra italiana è riuscita prima nella gara di squadra così di fioretto come di spada e prima altresì nella gara individuale di fioretto e di spada. Oltre a ciò è riuscita seconda nella gara di sciabola tanto di squadra quanto individuale.

sparo e il mutamento della tattica di guerra fecero un po' alla volta sparire l'armatura che, divenuta un inutile impaccio, s'era ridotta negli ultimi tempi a ornare la persona senza poterla più difendere. Molto più efficace si palesò allora l'uso della spada, perchè diretta contro un corpo non più protetto da acciaio a maglia o in piastre. La mancanza della cotta e dell'armatura faceva perdere importanza al peso e al taglio della spada. Se ne diminuì lo spessore, se ne trascurò il filo, se ne allungò la lama e la si rese alquanto flessibile pur senza trascurarne la resistenza, si adattò meglio l' impugnatura alla mano, si condusse insomma l'arma a un più facile maneggio: non si trattava più di rompere o tagliare bensì di penetrare. Si aprì così il campo a un più variato e sapiente impiego: erano cresciute le possibilità dell'offesa e le necessità della difesa. E' il momento in cui sorge una vera arte della scherma, elaborata e complessa in rapporto al più variato e efficace impiego della spada.

Come gli armaioli italiani erano stati i più famosi d'Europa perchè le loro armature e le loro armi, mentre si provavano altrettanto resistenti quanto quelle dei più celebrati armaioli d'altri paesi, erano indubbiamente le più belle per forme e ornamenti, i maestri di scherma italiani furono i più illustri d'Europa, così che la loro nomenclatura dell'arte schermistica fu accolta ed è rimasta tuttora anche nelle altre lingue d'Occidente. La fama di essi, tuttavia, non s'iniziò quando, con i mutamenti suddetti della spada, la scherma acquistò nel secolo XVII quel maggiore sviluppo e importanza che doveva poi serbare nei due secoli seguenti. Il primo trattato sulla scherma era apparso sul principio del 1400 sotto forma di manoscritto, perchè i caratteri a stampa non erano allora ancora noti in Europa, ed era apparso in Italia per opera d'un maestro di scherma italiano. Questa tradizione e questa riputazione non si sono del resto mai interrotte, ed anche oggi il campione europeo delle tre armi, spada sciabola e fioretto, è un italiano, cui nessuno tenta più disputare la gloria di tale primato: il maestro Nedo Nadi.

La scherma è stata molto praticata nel continente europeo sino a tutto il secolo XIX; nel secolo attuale essa non ha più in Europa la diffusione

L'illustre maestro Nakayama m'ha chiesto di scrivere sulla nostra scherma. Ho accettato molto vorentieri, non solo perchè ne sono un cultore appassionato sin dalla mia prima giovinezza e la pratico tuttora giornalmente, ma anche e specialmente perchè desidero dare così un segno visibile della mia ammirazione per il signor Nakayama che impersona lo spirito della scherma giapponese: rettitudine, valore e cortesia.

Se si voglia cercare nella storia d'Europa un'epoca nella quale la spada, oltre e più che per la sua forma e il suo impiego, offra per il suo significato ideale qualche somiglianza con l'arma giapponese, bisogna tornare indietro al Medio Evo. Il Medio Evo rappresentò in Europa il periodo eroico della spada, nel quale essa fu simbolo dell'onore del cavaliere, strumento di geste famose, arma assai solida di punta e taglio adoperata anche a due mani. Gli atti di valore sovrumano, attribuiti a Rolando (che in italiano fu chiamato Orlando), prode paladino morto per il suo signore, l'imperatore Carlo Magno, e alla sua spada Durlindana, di cui racconta la leggenda che i fendenti erano così terribili da spaccare le rocce, furono cominciati a cantare, insieme con le geste di altri cavalieri, dalla poesia popolare francese nel corso del 1000. Per vari secoli successivi la figura e i fatti di tanti prodi, e specie di Rolando che la fantasia popolare aveva sollevato nel campo del sovrumano, non svanirono dalla mente e dal cuore degli uomini, i quali in lui esaltavano la lealtà, il coraggio e la devozione. Così che l'argomento fu ripreso più tardi, e questa volta da poeti italiani del Rinascimento: memorabile fra tutti l'Ariosto, il quale a principio del 1500 dava con il suo "Orlando Furioso," in cui erano cantate con alta fantasia e mirabile rima le avventure eroiche di quel paladino e della sua spada insieme con le geste di vari altri prodi, il più famoso poema cavalleresco di tutta la letteratura non solo italiana ma europea.

Senonchè già all'epoca dell'Ariosto il concetto e il valore del cavaliere e della sua spada erano mutati; era finito il regime feudale, e l'uso delle armature d'acciaio invece delle cotte a maglia aveva dato importanza a altre armi. Ma se la figura del cavaliere medioevale più non tornò, tornò invece più tardi in onore la spada, quando l'invenzione della polvere da

和譯序文

名聲高き中山範士より、我が國のフェンシングに就いて執筆するやう御依賴を受け、余はこれを欣然として快諾するに至つた。それは唯に余が青年時代よりの熱心なるフェンシング修練者として、今日尚、日々の稽古を怠らぬ事實に對してのみならず、特に日本劍道の精神、卽ち廉直、勇氣並に禮節を體得さるゝ範士中山氏に對する余の稱讚の明白なる表示を致さんと切に望むが爲である。

抑も、劍が單なるその形狀乃至その用途に對してよりも遙かにその理想とする眞義に就き、日本の武器と一脈相通ずる何物かを提示してゐた時代を、ヨーロツパの一歷史に求めんとするならば、中世期に遡る要がある。　中世期はヨーロツパに於て、劍の英雄時代を表はすものであつて、その時代に於ては騎士の名譽の表徴であり、英雄的大業の具であり、双手に握りしめて刺すに、斬るに堅固な武器であつた。 シャールマン大帝の爲に死を賭した勇猛果敢の騎將ローラン(伊太利に於ては、オルランドと呼稱されてゐた)と、彼の愛劍ヅルリンダン――これに就て傳説は、その斬込が巖をも碎いた程に怖るべきものであつたと傳へてゐる――に負ふ所甚大なる超人間的果敢の行爲は他の騎士等の功績と共に一千年代に於て、フランス國民詩によつて歌はれ初めたのである。 その後、數世紀間數多の騎士、特に國民的幻想が超人間の領域に祭り上げたローランの姿と大業とは世人の腦裡から消え去る事なかつた。 そして彼等は、ローランその人に忠節と勇氣と信服の精神を稱揚したのである。 かくてこの題材は、間もなく文藝復興期の伊太利詩人等によつて取扱はれるに至つた。これ等詩人の中にアリオストは世人の記憶新なる所で、彼は一五〇〇年の初期より『狂へるオルランド』の作詩に專念し、其處に崇高なる幻想と、絕讃の詩韻を以て、この騎將とその劍の物語を當時の騎將の大業と共に歌はれて、唯に伊太利文學のみならず、總てのヨーロッパ文學の騎士物語詩の中で最大なる名作となつた。

アリオストの時代を除いては、騎士とその劍の觀念及び眞價は變遷するに至つた。　封建制度は終結し、陣羽織の代用に鋼鐵の甲冑が使用された事は、別種の武器にその重要性を與へたのである。　しかし、よし中世期の騎士の姿が最早再現しなかつたとしても、劍はやがて名譽のものとなり、又火藥の發明と戰鬪作戰の變化が、無益無用化の甲冑の姿を消した時すら、たとへ護身の働きはなくとも裝身の具として僅に使用されるに止まつたのである。　しかし劍の用途は益〻その效果を現はすに至つた。何となれば、最早、鎖子鎧や鎧で保護されぬ身體に對して使用されるからである。　陣羽織及び甲冑の不用は、劍の重量や切れ味の重要性を喪失せしめたのである。　刀の巾は縮小され、刄は無視され、刀身は延ばされ且つ刀身は抵抗に支障なさ程度に、幾分柔軟性を與へられ、又柄は改良され、結局最も扱ひ易き武器となるに至つた。　即ち最早、碎くとか、斬るとかでなく、刺す爲に使用され、かくて以前とは異なる理智的用途の分野が開拓されたのである。　即ち攻勢の可能性を加へると共に、守勢の必要を多分に齎した。　茲に於て劍の最も變化に富み、且つ效果的用途に關聯して苦心努力の結晶たるフェンシングの眞技が世に顯はれたのである。

　伊太利の武具師が、その造る所の甲冑及び武器が他の諸國の傑れたる武具師の作品に劣らず、その抵抗力の勝れてゐたのみに止らず、その形狀及び造りに於て眞に絶美なるものであつた點よりして、ヨーロッパで最も名あるものであつたと同樣に、伊太利のフェンシング師範は、ヨーロッパに冠たる人物であつて、彼等のフェンシング道の專門語は西歐の各國語に採用され且つ今日までその儘使用されてゐる程である。　彼等の名聲は、劍の前述の變遷と共にフェンシングが第十七世紀に、そしてその後の二世紀間存續された絶大なる進步と重要性を獲得した時に、初まるものではなかつたのである。　フェンシングの最初の操法は、一四〇〇年の初期に、未だ活字がヨーロツパに於て普及されなかつた時代故に、手記の形式で現はれてゐる。　しかもこれは、伊太利に於て、一伊太利人のフェンシング師範の手によつて公にされたものである。　この傳統とこの名聲とは毫末も中斷される事なく、且つ今日尙、三種類の武器、卽ち劍とシァボラとフイオレットのヨーロッパ選手權保持者は、一伊太利人のネード・ナーディ師範であつて、何人と雖も彼の第一人者たる榮譽に對して異議をさしはさむ者は、無いのである。

フェンシングは十九世紀までヨーロッパ大陸に於て盛んに實行されてゐたのであるが、現世紀に這入るや、ヨーロッパに於ては、よしや伊太利、フランス、ハンガリー等に於て、卽ちハンガリーに於ては就中シャボラ、フランスに於ては劍とフィオレット、而して伊太利に於ては上記三種類のものが扱はれて、命脈を保ち得たりとはいへ、最早昔日の面影は失せたのである。オリンピック競技に於て、又その他の國際的大會に於て、決勝仕合は、常にこの三國家の選手によつて輸贏を爭はれてゐるのである。フェンシング愛好家の減退の理由に就ては、次の二點にあると余は信ずる。その一は、決鬪が益〻稀有のものとなつて、その護身に對する利用が殆んど絶無となつて來た事、他の一は二十世紀に及んで、歐洲大陸に數限りなきスポーツの活用が普及された事である。是等のスポーツが恐らく前世紀までは現在の如き變化的選擇の缺乏によつて、槪してフェンシングに熱中した事であらう、青年達の心を執らへたものである。

しかしフェンシングは、貴族的スポーツとして存してゐる。何となればそれは、絶大なるスタヂアム等に於て公開的に演ぜられぬものであるからである。フェンシングは、殊にフィオレットに於て、又劍に於てその運動の敏捷且つ細かさによつて、近くより見るにあらざれば、しかもその規則を知り、且つ眼を働かし得る者にあらざれば、これを觀賞し得ないからである。更に又最も崇高なるスポーツの一である。何となれば、腕力に對する理智的力の、又物質に對する精神の勝利を意味するものであるからである。

ヂャチント・アウリーチ

前文執筆の後、伯林オリンピック大會に於けるフェンシング仕合に關する成績が報道された。この成績こそは、泰西に於ける伊太利亞のフェンシングが優秀なりといふ余の前記の主張を裏書するものである。伊太利亞チームは、フィオレットとスパーダの個人仕合に一位を獲得した如く、又その團體仕合に於ても最上位の成果を收めてゐる。のみならずシャボラの仕合に於ては、團體と個人の何れに於ても、二位を獲得してゐる。

發刊之辭

輓近日本武道特に劍道が種々なる方面より觀察研究せられて來た事は、不肖の尤も欣快とする所である。今や時代の要望は劍道をして單に道具を着けての亂合《みだれあひ》のみでは滿足しない、更に進んで先師の殘された心、構、形、術等をも併せて研究せんことを要求してゐる。

抑〻劍道の神髓は、机上の論にあらず、實際に當つて十分なる鍊磨の結果自覺せねばならぬ、飜つて單に實際のみをこれ事として理義を空しくしたならば徒らに腕力を與ふる事となつて、恰かも狂人に火を與ふる譬の如く、寧ろ有害危險に墮するのではあるまいか、實技理論兩々相俟つて玆に始めて心身の鍊磨應用の實を結び、劍道の極致を發揮する事が出來るのである。

從來不肖は我國の劍道を以て我國固有のものであると解釋して、世界に其類例を見ずと自負してゐたが、一度視野を海外に向けんか、啻に實技に於てのみならず、理義に於ても日本劍道に毫も遜色なき科學的なる道を發見して一驚を喫した次第である。又日本に武士道華やかなりし時代を說けば、これに對するに騎士道の面目を以てするに恪かでないであらうと思ふ。

此處に於てか東西武道の研究は、焦眉の急務であつて、徒らに武道をして一小天地に跼蹐せしめ鎖國視する事は、其の發達を害し且つ其普遍性をして著るしく減殺せしむるを以て、結局職業的武技と化せしめ、大衆娛樂の對象物たらしめる危險を招來する。

是卽ち世界に於ける武道の統一は絕對的必要なりと信じ、淺學菲才をも顧みず本書を編し、大方識者の御叱正を得て、將來劍道の實理統一の第一楷梯と致し度き念願を以て、玆に剞劂に附した次第である。

昭和十一年盛夏

著者識

本書編輯に當りて

今日劍道が益〻隆昌の氣運に至りました事は、各專門家の絕えざる努力と第三者の絕大なる支援と相俟つて兩々相依存し彌〻堅實に發展しつゝありますのは、私の最も感謝措く能はざる所で御座います。

劍道の大衆化も非常に必要でありますが、同時に海外に紹介して吾が國傳統の武道精神の幽玄深奥なる特殊性を十二分に彼等に知悉せしむる事は更に重要性を有するので御座います、此處に於てか如何にせば最も平易に而も有效にこの目的を達し得べきかを研究して見たので御座います。

徒に文獻の羅列は變化なき爲め、未知の方々には少しの興味とて與へぬ性質にある劍道であります爲め何んとかして興味的に切り開く方法があるのではなからうかと、第三者の注意力の集中に意をもちひた次第で御座います。

劍道は只打ち突く事としか考へられぬ方々には、專門家の所謂心の修業と相俟つての劍道などは思ひもよらぬ事と存じます、それ故未知の第三者に肯定して頂くには形ちそのものから入つて行かねばならぬので御座います、刺戟と決斷は相一致して術の對者に對する弱點に突けいる變化など、仲々考へ得られぬのは當然と存じます。

劍道の本旨として未知の方々が形だけの理解にでも注意を拂うて頂ければ、所謂大衆に乘つた或る程度の普及の目的は達せられるので御座います、これが完成出來ないまでも近いものにまとめて見たい、私の如き淺學不敏なるものが躊躇しつゝあるを痛感するのであります。

この上は只皆樣の御叱正と御後援を唯一の味方として一刻も早く完成に到達せしめたいと念じ僭越乍ら本書の公表を致したので御座います。日本は一生の修業と云ふ、西洋は何年で卒業し得るかと云ふ、この思想の相異點を飛躍して劍道を了解せしめる事に至難なものがあるので御座います。

本書を御覽下さる前に注意して頂きたい事は吾が劍道は形として刀術の效用は「切り落す」『切り上げる』「突く」の三樣に縱横の體捌きの變化と相俟つて存するのであります。然るに外國のフェンシングはこれを獨逸、佛國、英國、スペイン、イタリー等各國夫々に武器と用法との規則を異にしこれを一概に述べる事は不可能であると云ふ事で御座います。

本書は大體類似の點を擧げ、劍道の和文を英文に譯しフェンシングを和譯して外國人にも解る樣に、亦多少の興味をも文中に附加して公表した次第で御座います。

本書編述の初頭に於ては、あゝも仕樣こうも仕樣と可成の抱負を持つて、出發したのであるが、偖而愈〻出來上つて見ると意に滿たざる處多く眞に貧しい著書でお恥しい次第であるが、將來江湖識者の御叱正を辱うし、再版參版の節は訂正して完璧のものとする事を期し、私の序と致しました次第で御座います、尙終りに臨み本書編纂に當つて、若海方舟、中村隆次、川上榮一、ピー、ディー、パーキンス諸先生の熱誠なる御助力を深く感謝致します。

著者識

著者

中山博道先生　　中山善道先生

日本劍道と西洋劍技目次

日本劍道と西洋劍技

大日本武徳會
有信館本部
劍道範士
居合術範士
杖術範士
中山博道

大日本武徳會
有信館本部
劍道敎士
居合術敎士
杖術敎士
中山善道

共著

劍道とは何ぞや

或る僧が南泉和尚に、道とはどういふものであるか、と訊ねた。

平生心是道、

當前の心が道だ、と南泉は答へた。

當前の心とは何であらうか。

春が來たからと云つて、天地が一變に顚倒するのでもなければ、太陽が西から出るのでもない。　南の風が吹いてきて、木々の梢には自ら花が咲き、鳥は長閑に歌ふ。これは當前の事であるが、それが乃ち道だ、と南泉は敎へてをる。

逆にこの言葉を考へてみると、若し道が無かつたならば恐らく花も咲くまい、また鳥も啼くまい。　第一春といふものがやつて來まい。　してみれば、春が來るといふのも道である、花が咲くといふのも道である、鳥が啼くといふのもまた道である。古人はこのことを一花開けば天下皆春、一たび發心すれば法界悉く道と云つてをるがいかにもそのとほりだ。　そこで判ることは宇宙といふものは、乃ちこの道といふものがあるから存在してをるのだといふことになる。

してみれば、道は卽ち宇宙であり、宇宙は卽ち道でなければならない。　この道理を自分によく引きあてゝ、本當に知ることを悟りといつてをるが、この悟りを得る爲めには、禪宗の坊さんは孰れも血の涙で修業をする。　それも一年や半年の短かい期間ではない。五年十年乃至一生をかけて修業をする。だからこの連中の考へは皆自分から出てくるのであつて、借物は一つもない。

劍道もまたその通りである。どんなに良い手があつても、自分の物でない以上にはなんにもならぬ。今對手の小手に隙がある――隙があると知つた時は、已にサツト切り込んだ時であつて、このサツト切り込むことが出來なかつたなら、どんなに良い智慧でもまたどんなにうまい手でもそれは結局なんにもならない事になる。であるから知は卽ち行でなければならない、行は卽ち知でなければならないといふ事になつてくる。打たうか打つまいか等考へてゐるうちに、對手の身體はすぐ立て直つて、逆にこちらへ切り込んでくる。あつたらねらひ乍ら却つて御面を取られて、阿呆を見るやうでは、何年修業を積んでも上手になつた、うまいとは云はれない。だから劍道の修業には年限がない。自分より上手な者が居つて、打たれてゐる間は、やはり自分の藝は下手なのであつて、下手なうちは乃ち修業中だ。學校は年限がくれば卒業させてくれるが劍道はさうはゆかぬ。だから劍道の修業は坊さんの修業と同じであつて、いやでも悟つてもらはなければならない。また上手になつてもらはなければならない。それには必至をかけて勉強するより外によい手段はない。ところでこの修業の話に就いて、勝海舟の話がある、一應引合に出してみよう。

海舟の家系は、元來武藝の家柄であつたので、翁の伯父さんは倅をみつちり仕込まうと思つて、翁を島田虎之助に就けて修業をさせた。ところがこの島田虎之助といふ人は、當時名だたる劍客であつた許りでなく、學問もあり、人物も慥かりしてをつて、見識の高かつた人であるから、普通の劍術使とは丸つきり違つてをつた。今世間でやつてをる劍術は、あれは形の稽古で本物ではない、折角君も骨を折つてやらうといふのであつたら本當の稽古をやりたまへ、と云つた。そこで翁は島田の塾に勤める事になつた。飯焚はもとより風呂の水も汲み込んで甲斐甲斐しく働いた。そのうちに寒中になつて、先生の指圖に從つて、稽古がすむと夕方から稽古衣一枚で王子權現に往つて夜稽古をした。何時も先づ拜殿の石段に腰をかけて瞑目沈思して、心膽の練磨をやつて、それから起つて、木刀の素振りをする。そして再び元の石段に腰をかけて心膽の練磨にとりかゝる、それがすむとまた起つて素振りをする、かういふやうにして繰り返し繰り返ししてゐるうちに夜が明けてくる、さうすると家へ歸つて、今度は朝の稽古だ、一日の用事を濟まして、夕方になると、また王子權現に出かける、これを一日も怠けないで繰り返した。

翁は懷舊談のうちにかう述懷されてをる。隨分骨を折つたものだ、殆んど命懸けだといつてもよからう。始めは眞夜中に只だ一人でをると、森々として樹木の茂つてをる社殿のうちがなにとなく物凄く感じられて氣怯れがした。颼々として吹く寒風に木枝が鳴つて、今にも何か、頭の上へ落ちてくるんではないかと、おもふと、思はずしらず、ゾクゾックとして、身の毛が粟立つたものであつたが、慣れるに從つて、怖くなくなつて來て、終には木枝を搖る寒風の聲が聞えない方が、物足らないやうになつてきた。

偶には仲間の連中も顏を出すことがあつたが、なにしろ寒いのと眠いのに參つて、何時も半分位で止めて、近所の百姓家を叩き起して寐てしまつた、自分は馬鹿正直にやつて、そんなことは一遍もしなかつた、ところがこの修業の効が忽ち顯はれて、德川幕府が倒れるとき、あの艱難辛苦に堪へて、少しもひるまなかつたのは全くこの修業の御蔭である。――勞あれば報あり、つまらないと思ふ事でも本當にやつておくと、必ずその廻り合せはあるものだ。故に修業は徹底的にやらなければいけない。またそれでなかつたならば本當の味は解らない。先生は慶應戊辰の三月征討都督の本營を尋ねて、江戸城開渡しの談判を濟ませて、高輪から入城まで、佐幕黨の狙撃の中を悠然として歸つて來られた。この當時の先生の手記に、彈頭上を飛ぶこと三回と書いてある。王子權現の夜稽古は、先生の才に果敢の翼を添へたのであらう。

　これで判るとほり、參學は須らく實參ならざるべからずで、劍道をやれば喧嘩が強くなる、運動になる位の了見でやつたんでは、やはり島田先生の所謂形ばかりの劍術になつてしまつて、本當の劍術は出來上つてこない、大修業底の人がやはり大人物になるので、道といふ言葉がこゝに存在してをるのもこの意味からである。であるからこれをたゞ單に劍の道といふ狹い範圍に於いてのみ解釋しないで、もつと廣い範圍のあらゆる道に達する契機を領悟する道、と解してもらはなくては、劍の道の本當の意味は了解らなくなつてしまふ。

日本武道の特色

さてそこで武道といふものは、かういふ方法で修業されたものであるといふことゝ武道を學ぶといふことは、身心の鍛練にあるといふことは了解つた。然らば古人は身心の鍛練をして何をしたか。云ひ換へれば身心の鍛練の目的は何であつたか。今日の學生が考へてをるやうに早く學校を卒業して高い月給にありつきたいとか、或ひは金持の駙馬になつて榮耀榮華がしてみたいとか、そんな考へで古人は身をつめて苦しんで武道に精進したか。

山鹿素行はその著士道のうちに、本分の自覺といふことを說いてをるが、士人の本分は君に奉公の忠を修めることだと云つてをる。

蓋し千古の名言であらう。士人が文を修め武を磨くといふことは、その本分を完うする爲めの用意であつて、一身の榮達、一家の利害といふことはもとより眼中になかつた。

私はこのところが實に面白いところだといつでもおもつてをる。そしてこの精神を以つてをつたからこそ、士といふものが豪らかつたのだと考へてゐる。もしこの精神がなかつたならば、いくら武術に達してをつても、それは一個の興行と同じことであつて何等の價値がない。

今日では身心の鍛練をする道はいくらでもある。少し小器用に理窟をくつつければ、あらゆる運動競技は盡く身心の鍛練になる。電信電話汽車自動車が出來て早飛脚はいらなくなつた。然し驅けつこも身心の鍛練にはなるかもしれない。棒高飛、野球、庭球、この意味に於いて、いづれも身心の鍛練に多少の効果はあらう。

更に國際的に名聲を馳せて金權者流の入婿にでもなれば、なまじ學問に身を入れるよりも時好に適してゐる。

然しそれだけでは過去の武人が專念したところの武術とは、精神的に遙かに懸絕したものがある。

所謂運動競技といふものは、人間の肉體を或る種の訓練に委せて、その能力を最高度に發揮するところに興味があるのであつて、甲乙二者の競爭も、相關的關係に於いて、力の活用を能ふ限り發揮せしめる手段として選ばれたのであつて、その根本の動機には、全く道義的觀念等いふものは存在してをらない。現代の人から言はせると、それで良いんだといふことになるかもしれない。

が劍道にはかう云ふ考へは、かつてなかつた。前にも云つたやうに、君に忠を致すの觀念が、士人の立志であつて、その立志の道は修養であつた。而して、その修養は乃ち文と武である。であるからその修養の根本的觀念には、自己の爲めにするといふ考へは全くなかつた。自己はいつでも或る大なる目的の爲めには捨てゝかゝる。乃ち捨身掛命の覺悟を以てぶつかる、今日の言葉にこれを直すと犧牲の精神を以て根本精神とする。であるから一朝有事の際には敢然として起つことが出來る。これが武道の特色である。そしてかう云ふ特色をもつた武道といふものは、恐らく世界の何處にもないだらうと我々は固く信じてをる。

だからこの道によつて鍛練された人は、西郷南洲が、地位もいらない、名譽もいらない、財産もいらないといふ人は實に厄介な人だ、然しさういふ人でなければ世の中の本當の事は出來ないと云つたやうに、世の中の本當のことが出るやうな人を造り出すのではなからうか。

ことにこのことはその始祖、云ふまでもなく武甕槌神と經津主神の治績を考へると、一層明瞭であらう。乃ち五十田小汀に天降つて顯らはされた神術の目的は、抑も何であつたか。云ふまでもなくそれは八洲經綸の大御心を體して、皇孫の前路に横はる一切の障礙を切つて捨てる、といふ使命の遂行に外ならなかつたのである。我國の歷史からもしこのことを取り除いてしまつたらなにが殘る。これを考へると、武の使命といふものゝ如何に重且大であるかゞよくわかるではないか。

藤田東湖はこゝの消息を弘道館述義のうちにかうのべてゐる。建御雷神に及んで、詔を奉じて、下土を平ぐ、大國主神敢へて命に抗せず、國を獻じて、遠く逃る。而して所在の邪神悉く皆驅除せられて、中國始めて定まりぬ。蓋當時、群臣の功德あるもの、一二數ふべからず、而れども威稜勇武、大難を芟夷するに至つては、則ち其の烈、未だ建御雷神に過ぐるものはあらず。これ所謂天功を艸味に亮けし也。つまりこゝが大きな眼目だ。

それ以前の神々はどうだつた。乃ち建御雷神に先だつて、中國平定に遣はされた天稚彦にしても、穂日の命にしても、孰れもその使命を完うすることは出來なかつた。若し高天原の神々がかういふ連中だけだつたら、天孫皇臨といふ民族發祥の歷史的事實は永久に起ることが出來ない。然り而してこの一事實を起し得るやうにした功績はとりもなほさず建御雷神と經津主神とである。その烈建御雷神に過ぐるものはあらずと東湖先生の云つた言葉はこゝに千鈞の重みがあるのであつて、今私が明瞭に諸君に訴へんと欲するところのものは、乃ちこゝの天功を艸昧に亮けしの一事である。

蓋し我朝神皇の道は天祖に本づき、建御雷神は鴻業を無窮に賛するもの、而して今私がたづさはつてをるところの業、乃ち武の道はその正統である。よつて思ふことは我々の仕事は、神のみしわざを學ぶといふ尊い使命の上に存してをるといふことである。

劍道の本質

思ふに劍のある處に劍の道は必ず存在する。この意味に於いて、劍道はひとり我國にのみある特有の存在ではない。然しながらその方法、その精神が、以上述べたやうに神の道を學ぶといふ一事に至つては、世界廣しといへども、我國を以つて唯一とする。

後世謂ふところの武士道とは、この精神が行爲の上に表はれて、種々の形式を具へて來たものを指して云ふのであつて、この精神を外にしての、武人の生命も武技の特色も全くあり得ない。

今武道の一端を語るに先だつて、その根本精神に一言云ひ及んだのは、この意味に外ならないのである。そこで如上の精神を一朝有事の際に十二分に發揮するやう心掛くるところの日常修養の道が劍道であつて、この道の修養によつて、過去の武人は確固不動の信念を培ひ來つて、これを内にしては志操堅固な人格となり、これを外にしては、難に臨んで死を惜まない國民的氣風が作られたことは今更繰返す要はあるまい。そこで以下述べようとするところのものは、その方法である。

世に一刀齋先生劍法書といふものが傳はつてをるが、その書の冒頭に、夫れ當流劍術の要は事《わざ》也、といふ言葉がある。事《わざ》とはいふまでもなく、刀を取つて勝敗を決する打合のことである。この意味は、云ふまでもなく、一刀流の主眼とするところの者は、打物取つて、勝つか敗けるかの爭をすることが先づ第一番だといふことを云つたのであるが、その次の言葉に、事を行ふ者は理也と云つてをる。理とはその先を見るとよくわかるが、內にしてこれ心也と書いてある。

古人はこの心と云ふものを非常に重んじてをつた。それについて、こんな話しがある。中村一心齋と海保帆平とが、水戶烈公の御前で仕合をしたことがあるが、その時帆平は一心齋を只一打と逆上段に構へた。ソレは帆平得意の業で、音に聽く一心齋とて何程のことがあらう。と軒昂たる意氣、大いに君侯の前に勇んだわけであるが、片や一心齋は小刀を正眼に着けたまゝ、ヅヾヅヾッと進んで、帆平がふりかぶつた上段の下顎に觸れるばかりの處へ這入つてしまつたので、帆平はどうすることも出來ない。で大刀を振りかぶつたまゝ棒立になつてしまつた。スルト一心齋はヅヾと下つてまた元の位置に歸つた。

これを御覽になつてをつた烈公は、この時「それまで」と仰有つたので、兩人は引き下つたが、これを見物してをつた藩士一同は、今日は面白い試合が見られることゝ片圖を呑んで見物してをつただけに、あんまりアッ氣なく落着してしまつたので、暫く呆然としてしまつた。一方帆平は一太刀も合はさないで勝敗の判定が下つたことが不服でたまらない。

然し對手が殿樣なので訊ねるわけにもいかないで悶々として引き退つた。やがて二人は御前に召された。烈公は、帆平に、

御前は今日の審判に不服のやうだが、勝負といふものは目に見える腕前の勝負を爭ふのが目的ではない、心の優劣を見るのが主だ。今日の勝負は、御前は立合にもう致されてをる。それにも拘らず上段に振りかぶつて寄らば打たんと身構へてをつたが、對手はその構の中を平然として、往つたり來たりしてをつた。それに一撃をも加へることが出來なかつたのは敵に致されたので、まだまだ修養が足らないと云はれた。

これは面白い言葉だ。流石に烈公は近代の傑物で、本當のことを云つてをる。一刀齋の劍法書にも、然るを術の學者事《わざ》一片に止まつて、理の邪正を知らず、と云つてをるが、劍道は打業だけではない。打業の先に、打業以上のものがある。名づけて、心の構へとでも云はうか。今これから說明しようと云ふ一刀流十二ヶ條の傳

書はこの問題に觸れてゐるので、卑見を交へてこれを略解する。

兵法十二ヶ條の冒頭に一刀流とはカツカタナ流だと云つてをる。そして、カツの字を圓を畫いてをる。カタナは圓の中に縱の線が這入つてゐる。一見意味が通じないやうであるが、古人の眞意は一言一句も苟くもしてゐない。

以下その說明を讀んでみるとよく解るのであるが、元來一は萬物の初めといふ意味でまた物の極といふ意味もある。說文解字といふ本を披いてみると、道は一に立つと云つてをるが、所謂究極の眞理といふものには二タ通りも、三通りもの區別があるわけのものではなく、またそれは武藝でも外の學問でも同樣であらうと私しは思うてをるのであるが、流祖の所謂一といふ意味は無論それを指したものであらうといふことは容易に推定される。元來武藝と云ふものは種々の種類があり、そのまた種類のうちにも、何十何百といふ手があるが、對手があつて輸贏を爭ふ場合に用ふる手は、一回に一手より外にはないものである。であるから勝つも負くるもその一手にありで、それは而も是非共勝つてしまはなければならない唯一の字であるから、非常に尊い、これを稱して一と命名したものであらう。こう解すると傳書の一の字の心は圓也と云つて○を書いてかくの如しと云つてゐる意味もやゝ納得が出來る。また圓は圓滿具足の意味と解して、究極の相《すがた》であると解することも出來る。それは孔子の所謂行ふ處矩を越えずで自然にして往き自然に歸る、些の無理がなくまた孰れから觀ても虧けてゐない術の到達點とも解せらるゝ。そしてそこに到達するには是非共積習の功と多年の修養とに俟たねばならぬのであるから一の字をいくつも重ねて書いてもそれは丸くなるなりと次に書いてある。また一の字を米のやうに組合せて、その頂點を結びつけるとそれは一個の圓になるが、これを傳書には皆丸くなるなりと書いてある。天地縱橫の變化も極まるところは一であつて、一の相圓は身體自然の妙用を以て極則を意味してをる。以上は一の意味であるが、さてその運用は、恰度水の運行と同樣である。それを天一水を生ずる理にて水の流れ行くが如くと傳書には云つてをる。そしてその次に水は直ぐなるものの故とゞまることなく跡へかへることなくいづくまでも流れ行くなり。丸き物を平かな物に置くときは少しにても傾くるときは低き方へころび行くなり。そのごとくとゞまることなく、若し先へゆくべきところなくば何方なりとも窪き方へ行くがごとし、これ當流第一の場なりと云うてをる。一體物には體と用との二方面があるが先きに述べた、圓の相《すがた》を劍道究極の體とするならば、これはその用である。用とは云ふまでもなくその働きを云つたのであつて、この究極の相《すがた》の働きは恰度水の流れと同樣聊かの無理があつてはならない。極めて自然でなければならない。そして行くべきところに行き盡さなくてはならないと敎へてをる。以上で凡そ一の字の說明は終つた。次に刀である。

傳書には刀といふ字を①《カタナ》と書いてカタナとルビがふつてある。これも今日の常識から考へると無理な話しであるが、元來かたなの語源は片刃であるから、その初めは刃物の種類に付せられた名稱であるが、今謂ふ所の意味は無論刀は兵也で、武器乃ち太刀であるが、その刀の字のこゝろを一刀流では①だと斷定して、その意味は、刀の心は斯樣に丸い物へ心を入れたのだと云つてをる。一寸腑におちかねるが、次の項に刀の字の眞中の縱の線をもし上へ出すと、それは力といふ字になり、劍道は力の爭ではないから力に賴つたら必ず勝つといふ理にはゆかないと斷つてをる。

それをリキミになると云つて嫌つてゐるが、云ふまでもなく刀と力との區別は縱劃が上へ出たか出ぬかの相違であるが、それを引伸して劍術の根本の問題に觸れしめて、その關係を相手と自分の間に糸筋を引くが如しと說明して、强く引けば切れる、弱ければ撓みて用にたゝずと云つてをる。これを要するに一の字も刀の字も皆いづれもそれは劍道の精神の表徵として之れを用ひたまでのことであつて文字の如何にはかゝはつてはゐない。であるから次の項に、刀の字の心だけでは丸い者だけであつて、働きがつかない。それにシン木を入れて我が一體のかゝらずそらず眞直なるところ也とうたつてをる。以上で凡そ一刀の意味は判然つた。そこで流の字であるが、流の字の心は前にも云つたとほり一の字を水にたとへて乃はち天一水を生ずと言つてをるが、水と云つたから流動の觀念を意識せしめて、そこで流れる、流すと云ふ働きに引伸して、當流は不斷に流れて息まずとその主張を明かにした、それを說いてたとへ幾多の障害が何程起らうとも、それは急流に横はつた大石のやうなもので、何時の間にか押し流されて仕舞ふが、所謂水の勢の流行して息まない、その形ちをとつて流と云つたのであると云つてをる。以上で一刀流と云ふ言葉の一字づゝの意味は判然つたやうに思ふ、更にこれを玩味してみると、そこに一刀流兵法の基礎があることが知れやう。そしてその基礎はただに一刀流のみではない、各流を通觀して見出さる所の大法であつて、兵法とは乃ちこの法によつて敎ふるから兵法と云つたのである、それを巨細に部類して何ヶ條かに歸するが、以下その主なるものゝ二三を擧げて、聊か私見を附加してをく。

切落之事、

本文は

一陽來復の心にて下より生じかはるもの有る故に上から落るなり車の輪を前へまはす心にて下よりつまる、自然と上落るなり、草木の葉も下より日出る故に上落るなり、劍へ向ひても車の輪を前へ廻はすごとく引返し〳〵すれば行過ることなく自然につまる也。

俗に疊かけて攻めると云ふ言葉があるが、攻撃の最良の方法は右にあるやうに打ち下ろす太刀が、上から下へ、恰度車輪の運動のやうに次から次へと、連續して行はれることにある。　一陽來復は易の言葉で、天地自然の消長を云つたものである。それは乃ち運動の連鎖で、前の運動の終息點が次の運動の起點となつて循環やまないそのやうに、打ち下ろした太刀は直ちに次に打ち下ろす太刀の發足點となる自然の方則を遵守するところに運劍の妙味がある。

柳生宗嚴《むねよし》が嫡孫利嚴に與へた一國一人の印可相傳に

切り結ぶ太刀の下こそ地獄なれ
たんだ踏み込め神妙の劍

といふ和歌が添へてあつたと云ふが、說いてある方法に多少の相違があるが、靈犀相通づる一點が見出される。　正法に不思議なしで、この邊の言葉は一見誠に平凡に見えるが、香巖の爆竹よく半世の蒙を啓いたと同様、自受用三昧總ては達得にあらう。

遠近の事

敵を遠く我は敵へ近くなるなり、我心氣體少しも向へかゝらずそらず眞直ぐな此のかねよく覺ゆれば自然に敵を遠く我は敵へ近くなるなり。

一讀これは何のことだか餘り明瞭しないが、よく讀んでみると中々味がある。例へて言へば今こゝに敵と味方とが相對峙したと假定してみる。そして御互の力を比較して相伯仲した場合、それを形ちに表らはしてみると恰度左圖の通りになる。

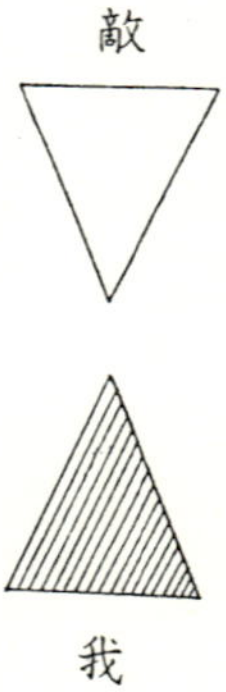

かゝる狀態の御互の戰鬪力は五と五の物が打《ぶ》つかる理由であるから、勝負は相

打ちである。敵を斃すかはりに自分もまた戰闘力を失ふ。それでは面白くない。戰はそこで必勝の方法が工夫されねばならぬ。それには敵の攻撃を避けて、我が攻撃を有效に加へることが考へられなくてはならない、若し彼我の位置を左の關係のやうにしたらどうなる？。

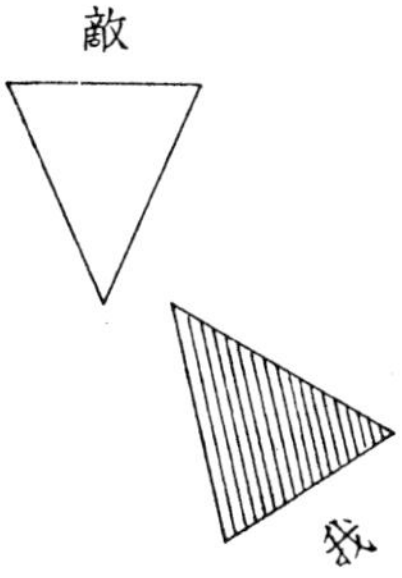

これを名づけて七三の位と云ふ。乃ち彼我の戰闘的效果は、右圖で明らかにされたとほり、敵の攻撃は我れに及ばないが、我が攻撃は敵に及ぶ。この兩者の關係を敵を遠く我れは敵に近くなるなりと云つたのである。そしてこれをもう一歩進めて左圖のやうにしたらどうなる？

彼我の優劣は完全に決定する。然しこれは説明の便宜上形に表らはしたまで

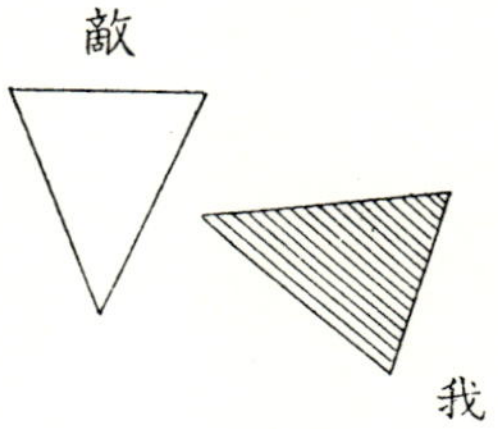

であつて、要するに敵を遠く我れは敵に近くなる也といふことは、劍道の本質的精神であつて、術の變化ことごとくこの主旨を體して行はれなければならない。然し最後の妙諦は人々の分上の達得にある、短劍塚原卜傳が梶原長門といふ薙刀使ひから試合を挑まれてこれに打ち克つた例なぞよくこれに該當してゐるやうに思はれる。　梶原は下總の住人で、刃渡り一尺五寸の長刀を以つて、よく飛んでゐる燕を斬つて落としたり、雉や鴨が地上に餌をあさつてをるのを自在に薙ぎ倒したり、また相手と試合をするとき、あらかじめ斯るところと聲をかけてをいて、その言葉どほりに、左手、右手と斬つて落したりしたので、見るものその手際に身の毛をよ

だつたといふことである。こういふ怖ろしい對手を向ふにまはして果してよく勝つことが出來るかどうか、卜傳の弟子達はすつかり心配して「卜傳にもしものことがあつては家門の瑕瑾末代の恥辱、假令勝つたとしても、それは當然の事當方の名譽にはならない。こういふ試合は思ひ止つてもらひたいと切に諫告した」。「お前達は道理を知らない。鵙といふ鳥は自分より四五倍も大きい鳥を追廻はす猛鳥だが『ゑつさい』といふ鳩の半分位の小鳥に逢ふと忽ち姿をかくす、その長門といふ男は己れ以上の者に逢はぬから慢じてゐるのだ、三尺の太刀でさへ思ふとほりに使へぬものを長刀だとて何の怖ろしいことがあらう。ことにその身は實は二尺に過ぎないのだ。然るに我が太刀は三尺に餘る。そして何んの心配することがあらうぞ」と云つて、イザ試合に臨んでみると、忽ち長門の薙刀、鍔もと一尺許りを斬つて落し、返へす刀で斬り伏せたと云ふ話しがのこつてゐるが、好適の例だといふことが出來やう。而してかゝる場合、我が心氣體すこしも向へかゝらず、そらず眞直なこのかね合をよく覺えよとあるが、この呼吸は禪坊主の謂ふ劍刃上の往來であつて、劍技もそこまで到達すれば、稱して不敗の劍と云ふとも過言ではあるまい。

橫竪上下之事

橫なるものには竪につき竪なる者には橫につく上なるときは下へつき下なる時は上へつき四角八方橫竪上下なり。

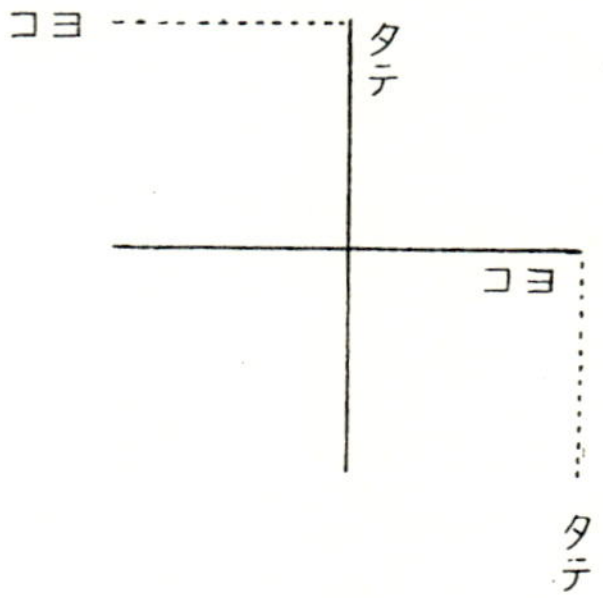

極意に四角八方と云ふこと有之。

これは右圖に示すと、橫の實線は直ちに縱の虛線のやうに、縱の實線は橫の虛線のやうに刀法は變轉せしめなければならないと云つたので、それは縦の線は攻、横の線は防を表らはすものと假定して、横なるものが縦につくとは、防は直ちに攻、縦なるものが横につくとは、攻は乃ち防へと、攻防たちどころに變化する有樣を説明したのである。そして上下相應じて、前後に轉移し、左右地を替へるから四角八方と云つたのである。

二刀十一條の初めに、向滿字横滿字横滿字殘の三刀の刀法が傳へられてゐるが、それは刀の運動が卍字のやうに變化をする有樣を形容したものと解して差支はなからう。

色付の事

赤きものをみれば赤きに心うごき、心と共に赤なるなり。如此の事あるべからず。敵に向ひても、敵のかまへ、やう形相にとらはるゝ事なく勝負すべし。必ず敵の色に共に付くべからず、といふことなり。

昔し蔡君謨と云ふ人があつた。大層長い立派な鬚をもつて居た。あるとき宮中に召されて、御陪食を仰付かつた。　時に陛下は、「お前の鬚は實に立派だ。　さぞ平生から丹精をしてゐるのだらうと思ふが、夜る寐るときは、それを夜具のうちへ入れて寐るのか、外へ出して寐るのか」とお尋ねになつた。　蔡君謨は今迄にそんなことはツヒゾ嘗つて考へてもみなかつたので、非常に赤面して、「ツヒゾ氣にかけたことはございませんでした」と云つて、その場を引き下つたが、さて家へ歸つてその晩寐ると、今迄考へたこともなかつたその美しい鬚のことが氣になつて、陛下が仰有つたその夜、鬚を夜具の外へ出してみたり内へ入れてみたりして、とうとう一晩中寐ることが出來なくなつたといふ話しがあるが、妙なもので、今迄は何んでもなかつたことが、赤い物をフト見たその刹那、赤き物に心うごき赤くなるなり、恰度蔡君謨の鬚と同じやうに、終夜寐られないといふやうな心に空虚が出來る。　それは敵の形や相に氣を取られるからだ、で本文はそこを戒めてをる。

　それについて面白い話しがあるので載せてみよう。　昔し勝軒といふ劍術家が居つた。　勿論貧乏をしてをつて九尺二間の蔽屋でゞもあつたのだらう、古鼠が毎晩暴れてどうすることも出來ない。　いろいろ鼠取りの工夫をして見たが、奴さん悧口でどうしても引掛つてこない、止むを得ず近所から猫を借りて來ることにした、その最初にやつて來たのは眼光爛として見るからに不敵の顔面魂をした虎鬚の逸物である。　これを見た勝軒先生は大嬉びで、此奴なら大丈夫だらう、と御馳走を喰はして大いに款待して夜になるのを待ちかねてゐた。　やがて時刻が移つて三更と覺しきころ、梁の一隅を見ると例のごとく現らはれた老鼠。　猫は、とみると、そこは心得たもので、今にも飛掛からんばかりの身構をしてゐる。　暫し相方は待機の姿勢、睨合つてゐたが、ナント思つたか。　件の鼠は、忽ち身を飜して、猫を目懸けて勢凄まじく飛付いてきた、面喰つたのは虎鬚先生、老鼠却つて猫を食むとはこの事かと、驚いて、散々になつて逃げ出した。　之の有様を見てをつた勝軒先生、コ奴は尋常の鼠ぢやないぞ。　普通の猫ぢや到底駄目だッ、と、翌朝は隣近所を狩り集めて、やがて選び出されたのは鼻先の黑い骨格の逞しい大猫であつた。　これなら大丈夫だらうと我が家に連れ歸つて、軈て夜半になつて見ると、鼠は今宵は、床の間の隅に背壁の陣を張つてゐる。　猫は此方にジツト覗つて、兩々相對峙して、孰れが勝つか、睨合ひの形ちとなつて、五分、十分、十五分、スルト、何と思つたのか、猫殿は後をも見ないで逃げ出した。　そこで再度の凱歌にすつかり氣をよくした老鼠は、吾物顔に梁と云はず座敷と云はず暴れ廻はつて如何とも手に負へない。　何分にも、その素早いことは電光のごとく、自在なことは石火のやうな鼠のことであるから、これを捕へる猫も尋常一樣では到底駄目だ。　今は勝軒先生もホトホト閉口して、やつと見付かつたのが隣の尤物、鼠にかけては未だ嘗つて取り損なつたことがないといふ見るからに剽悍な黑猫、これなら大丈夫だらうと大安心して、伴れて門を這入らうとすると、ナント思つたのか、件の猫は、一歩も門へ這入らうとしない、いろいろ手を盡して內へ入れようとしてゐるうちに、纔かな隙を見て逃げ出して了つた。　ガツカリした勝軒、さてどうしようか、思案にくれて幾日かゞ過ぎて、或る日山を二つ越えた向ふの村に無類の逸物があると聞いて、勝軒はそれを借りに來た。　見ると、豫期に反して、みるからに鈍重な古猫であつたので、これでは駄目だと思つたが、兎も角も連れ歸つてみた。

やがて三更、例のごとく、梁上に現はれた鼠君、なんと思つたのか今夜はひとたまりもなくすくんでしまつて、一足も動けない。猫はとみると悠々と足を歩んで忽ちこれを引獲へてしまつた。これを見てゐた勝軒は事の意外に暫し茫然として了つた。さてその夜床について、一寐りして目が醒めると枕上誰であらうか、ヒソヒソと話しをしてゐる。みると、先刻の古猫を上座に据ゑて、失敗した猫殿がその前に跪いて何事かを話してゐるのであつた。聽くともなしに耳に入る言葉は、自分達いづれも鼠取りにかけては未だ嘗つてヒケを取つた例のない強者ばかしであると信じてをつたのであるが、あの鼠だけはどうすることも出來なかつた。あなたはどういふ術があつて彼奴を捕へたのか、定めし秘術があることゝ思ふ、どうか、それを私達に傳へてくれと賴んでゐる樣子であつた。それを聽いた古猫は、左樣御話するといふ程のことではないが、とに角諸君の御話を聽いて、それから私しの話をしませうといふことになつた。そこで第一番に出たのが例の虎鬚君である。「自分は仔猫の時から早業をもつて令名があつた。七尺の屏風も容易く飛び越えることが出來るし、どんな少さな穴でもた易くくゞることが出來る。どんな鼠にあつてもたゞの一度もとり損つたといふことはない。」聽き了つた古猫は、「ではどうして捕へられなかつたのだ。要するに君の修業は只所作だけだつたのだ。だから巧盡きれば却つて身を損ふと云ふ言葉があるが、そこで鼠に喰付かれたのだ」と云つて懇ろに諭した。次に出て來たのは鼻黑の大猫君、睨合をして逃げ出した先生である。「自分は武術といふものは氣を尊ぶものと思つてゐた。故に年來氣を練つてをつたのである。そしてその氣豁達至極にして天地に滿つるやうになつた。聲に從ひ響に應じて別に所作を用ひることなくして所作自然に湧いてきた。」すると古猫は、「それなら何故此家の鼠と向ひあつたまゝで逃げ出したか、お前の修業は氣の勢に働いてをつても氣の善なるものではない。當方から破つて進まうとするならば、先方も亦破つてくる。いつでも自分だけが強くて、先方が弱いといふ理由にはゆかぬ」と云つた。次に出たのは門前から逃げ出した黑猫君「私しは心を練ること久しい。心平かなればどんなものでも來り映ずる。勢をなさず、物と爭はず、相和して戻らず、我が術は帷幕以つて礫《つぶて》を受けるやうなもので、どんな强鼠にも私しにはかなはなかつた。」聽き了つた古猫は、呵々大笑して曰はく「ではなんでこの家の鼠を捕へなかつたか、お前の和は自然の和ではない。和を爲さんとして强ひて和を爲したのだから、臨機の妙用がない。」時に三匹の猫が進んで、「では君の術を聽かせ給へ」とつめよつた。古猫の曰はく「我れ何の術をか用ひんや、無心にして自然に應ずるのみ」と、この最後の一句千金の重みで、鐵舟居士はこの小話を、猫と妙術と云つて喜んでをられたさうであるが、蓋しその寓意、發明すべきものが多々あるからであらう。色と共につくべからずの反證として讀者の參考に供する所以である。

目付の事、

目は人心のよる所なり、物を見るとても、目をいらゝげて見るときは我心皆目へよる也、心に正直《すぐ》なるものなし、唯敵を我心の内へ入れて勝負すべし、目の心にかぎらず、手の心、足の心、體の心、皆この心也、其の氣負強く力みたる所には少しも働きなし、とかく外にて見るべからず、我眞氣の内にて見るべし。

本條敎ふるところの要諦は、心眼にある。　劍術不識篇に劍術は心術也と云つてをるが、一心治まらざれば、敵と立會うても、日頃の術行ふべきの主なしで、こんな例がある。　島田見山がまだ壯年のころ井上傳兵衛の紹介で男谷下總の道場を再び訪れた時であつた、以前には安々打込めた勝負であつたが、今日はジリッ、ジリッ、と詰め寄せられて、氣合の靈妙な光りが、我が目を射て、次第次第に、手足が竦み、心魂萎えて、道場のハメ板に吸ひ取られて、油汗がダラダラ滲み出るばかりで、われにもあらず、平伏してしまつたといふ話しをのこしてをるが、それなぞは所謂術の極致、心術心眼にあることのよい反證であらうか。　目をいらゝげて見るとき、目に寄る。目によれば心に正直《スグ》なるものなしで心氣亂れる。　そこで一切を放下してイキミたる處を少しもなくする。　見ると云へば、一身總てが見えるのである。　それを稱して我眞氣の内で見ると云つたのである。

世に無眼流といふ劍法がある。その開祖反町無格が諸國を遍歴して、或る山路にさし掛つた時、道は溪流に沿うて、一本の丸木橋に盡きてをる。下は奔雷岩を嚙んで物凄い急湍である。どうしようかと、道の邊りで思案にくれてゐると、一人の盲人がやつて來た。兩眼の自分でさへどうしようかと思つてゐるのだ。盲人なぞにこの丸木橋がどうして渡れるものかと思つて見てゐると、その盲人は、持つた杖で、その丸木橋を探り、宛然、平地を歩くやうに向ふ岸に渡つてしまつた。それを見てをつた無格は、何を發見したのか、横手を打つて、「こゝだつ」と今迄の疑團が釋然として、爾來一入修業に力を入れて、その流名も無眼流と改めて、一流の始祖になつたといふ言ひ傳へがある。これは一種の作り話しだと云つて、取り會はない人もあるが、その筋の如何は暫く措いて、前掲「我が眞氣のうちにて見るべし」といふ深意がよく説明されてをるので、參考までに書き止めた。

狐疑心の事、

疑多く敵の亂殺に迷ひ本道を取失ふ事有るを云ふ、狐は疑多く、例へば犬に逐はれ逃げるとても犬よりは逃げのびたるか、或は犬は我へ近く來るかと、其疑多く度々後を見返る故道自ら遲く、犬に追ひ詰められとらるゝなり。假令ば敵より裏を切らんや、又は下より拂はんやなどの疑の心必ず有るべからず、勝負すべし。三祖宗璨が信心銘に小見は狐疑す。轉た急なれば轉た遲しと云つてをるが面白い言葉だ。轉た急なれば轉た遲し。犬に追付かれやしないか。どの邊まで來たらう。振りかへり振りかへつてゐるから、轉た遲しで、遂に捕へられる。劍刃上の往來は飽くまでも驀直に進まなければならない。澤庵禪子が、柳生宗嚴に與へた不動智の中に、間、髮を容れずと申すことの候、隙間もなきと申すことにて候、向の打つ太刀と我が働きとの間へ髮筋もいらざる程ならば、人の太刀は我が太刀たるべく候と敎へて、佛法にてはこの留まつて、物に心を殘ることを嫌ひ候故に留まるを煩惱と申候、と注意をしてゐる。留まるを煩惱と狐疑とは稍や異るが。然し逡巡決せざることは留まることで、留まつては、石火の機、間、髮を入れざる働きは出來ない。紀州頼宣に犬の逸物を獻上する者があつた時「これへ引いて參れ」と云つて庭前へ引かせて、緣鼻へ引付けさせせた。　賴宣は、從者の注意するのを聽き流して、「イイ犬だ。　顏構も惡くない」と云つて、足で頰を撫でた。　すると犬はいきなり「ワン」の一聲賴宣の足に嚙みついた。　その時賴宣はイキナリ足を犬の咽喉へ突込んでしまつたので、犬は驚ろいて逃げ出してしまつた。　これなぞは武藝の鍛練もさることながら、狐疑心を淨盡して、突進したよい一例と云へやう。　梅田流の鎗の使手柳生內藏助に高野貞壽が問うた。「君でも不意に人から斬りつけられたらハット思はれるか」內藏助曰はく「それはハッと思ふ、併し、そのハットが直ぐに先になるのだ。ハット聲を引くのではない、ハット先を打つのだ。」「すべて武藝といふ者はこつちが二つになるところでなければ、先も二つにはならない。　その用意は猶豫なく、先先の先と太刀が出なくてはならない。」勿論「敵が裏を切つてくるだらうか。　または、下から拂つて來やしないか」等といふ疑團は、こういふ際に一切フッ飛ばして、一種平懷にならなければならない。

松風の事

少しにても松ある所は松風ある者なり、やかましく思へば猶耳にとゞまりてやかまし。松あるところを少し傍へよれば、松風自らやかましからず、その如く敵亂雜してひたと亂雜することこれ松風なり、その亂雜にかゝはれば愈亂雜也、然らば松風の所を離れ松風なき所より勝つべきことなり。

對手の劍の亂雜に拘るべからず。避けて之れを待てば機は自ら至らん。一體武藝は機が肝要で、立會中に機は生ずるものであり、またその機に乘らなくては勝はないものであるが、對手の機はこれを避けて、逆に當方のものとして活用する。卽ち機を自由にするやうになつてはじめて、利を當方に必然化することが出來るのであるから、こゝのカネ合は充分研究したい。兵法に所謂敵を致して、敵に致されないと云ふ言葉があるが、敵を致すといふのは、敵を自らの方へ來り就かしめて、我が蓄積した力で之れを擊滅するのである。これを實際に行つたよい例は往年の日本海々戰である、恰度そのやうに對手の攻擊を逆用してうつことは武藝の祕決である。衆樹動くは來る也。衆艸障り多きは疑はしめんとなりで、對手の亂雜にかゝはれば愈亂雑になつて、勝つべきの機を逸する。　故に松風の所を離れ松風なき所から勝つ。

以上、本則の要旨である。

間の事

間は敵と我との間一間と知るべし、一間に至らざれば切りつける事ならざらん。敵の間は一間と知るべし。　間は門に日なり。　門へ一ぱいに當る日也、少し戸を開くと忽ち差入るなり、月にても同じ。

あくる戸ぼそに月ぞ入りくる

右の歌の如し。　少しひらかば、それより勝つべしと云ふ所多し。　自流にては之を用ひず。　敵より守りよくいつまでも開かざる時はいかゞ、戸と共に打破り内へ入るべしと云。

間は一間として知るべし、これは鐵砲の着彈距離と同様、剣尖の到着し得る範圍を云つたのであつて、その距離凡そ一間。　古來これについての意見は種々な書物で散見する。一刀齋先生劍法書にも勝負の要は間也とある。我れ利せんとすればば彼れも利せんと欲す。敵に向つてその間一毫を容れず、其の危亡を顧みず、速く乘つて殺活の當的能く本位を奪うて至るべき者也。

兵法三十五ヶ條に間積りの事とあつて、我太刀人に當る程の時は人の太刀も我に當らんと思ふべし。人を討たんとすれば、我が身は忘るゝ物也、能く工夫あるべし、とある。そこで間とは兩々相打つの場で、勝敗の分岐點であることがわかつたが、宮本武藏が太刀先の見切りと云つて、こゝの工夫をその弟子に傳へた話しが遺つてゐる。

宮本武藏が人と仕合をするのを見ると、相手の打込む太刀先きや突出す太刀先が殆んど武藏の前額部に中るか、胸を擦つたかと思ふほどであるが、一度もそれは中つたことがない。隨つて武藏は身を開いて避けもしなければ、受留めて拂ふといふこともしない。相手が立直らうとする處へすかさず附込んで勝を取るか、或は相手を惱ますので、門弟中の少し出來るものが不思議に思つてその譯を質した。

すると武藏は「それはよい所へ氣がついた。　そこが太刀先の見切りと云つて仕合にも眞劍勝負にも一番大事なところであるから、平生からよく稽古して置かないと、いざといふ時の間にあはぬ。　また五體の働きは自由自在にしてをかなければならないが、大事の仕合に、相手の太刀先を避ける爲めに餘り五體を動かすとその爲めに五體に透きが出來て、相手に付込まれるから、太刀先の見切りによつて無駄に五體を働かさないやうにする。　然し初心のうちは五體の働きを充分に修業しなければならないが、それが出來上つたら太刀先の見切の修業をする。　ところでこの見切の仕方はどうするのかといふと、相手の太刀先と自分との間に一寸の間合を見切るのである。　一寸の間があると見切れば、相手が打下しても突いて來ても、決して我が身には中るものでない。　又一寸の間以上の間があると見切れば固よりどうするにも及ばず、若し一寸の間を見切ることが出來ねばその太刀は我身に中るから受けるとか脱するとか覺悟をしなければならない。　しかし最初から一寸の見切りといふことは到底難かしいことであるから、まづ五六寸位の見切りを修業して四寸になり三寸になり追々縮めて一寸の見切りがつくようにする。さて一寸の見切りと云へば隨分細かいに相違ないが、一體劍術は大きい仕事を細かくするのが持前であるから、その心持で修業すれば自然にその見切りはつくやうになるものである」そこで門弟中足の運びの出來る者から教へた、それは打つてくるか突いてくるか、その太刀先を見て、それは一寸、それは二寸と聲をかける、自分より打つたり突いたりするときは態と太刀先を控へて、これは一寸、これは二寸と聲をかける、斯くして教へたので門弟中にもこの見切のつくものが出來るやうになつたといふことである。

さて間と云ふ字はこれを字源的に釋解すると門に日である。門を開けると日が差し入る、その間隙を名づけて間と云つたのであるが、その差し入る速さは、戸を明ける、日が差す、間、髮を入れない、そのやうに相手の間が破れたならば直ちに切り込む。その働きを開くる戸ぼそに月ぞさし入る。

と云つたのである。また針穴日光などとも云つてをる。皆間を破る突差の働きを云つたのである。　そして、相手が守り善くいつまでも開かない時は、うち破つてうちへ這入る。

明治の初年に伊藤博文の邸で、武道の天覧試合があつたとき、久留米の松崎浪四郎と、伏見の逸見莊助が立合つた。　御互に間合を取つて對峙すること三十分、遂に逸見は色を見せて、その色に乘じてかゝらうと企てたのを松崎浪四郎は、直ちにその色を見せた刹那の機に乘じて逸見の小手を取つた。　それは古今無類の間合と稱して口碑に殘つてゐる。

殘心のこと

稽古の內氣負過ぎる故殘心と敎へ、勝つべきところにては夢々心を殘すことなし。　殘心なきを用ひよ、自然と殘心あるべし、譬へば戶なぞへ石を强く打つくる、强ければ跳ね回るなり、兎角自然と殘るもの有るなり。　稽古の內餘り向へかゝり氣負過ぐる故心を引返しになり、何も切落なり、勝たる跡にても、もう宜いと思はず心を付くべし。

これを圖に表らはすと左の通りになる。

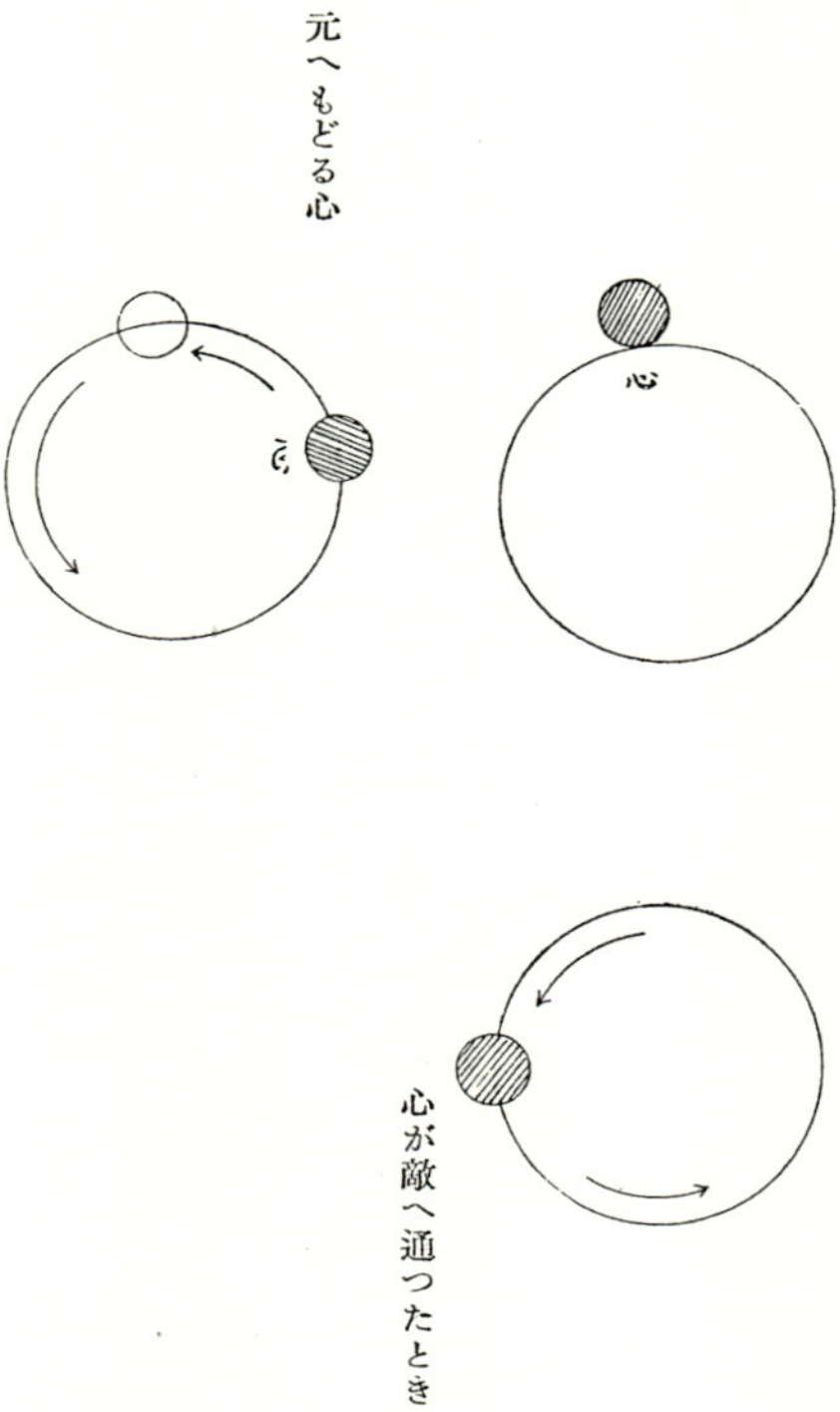

右圖1は相方對峙したときの心であつて、靜止の狀態にある、この靜止の狀態の心が、敵へ通じた時、乃ち劍を取つて、相手を撃つた刹那には、第二圖のやうな狀態になる。心はその業と共に、相手方の方へ移向したのである。恰度石を塀へ打ち付

けたやうに、心は向へ通ふ、ユメ心を殘すことなしと云つてをるのが、恰度それに當る。強く打ち付けた石は跳返つて、元の位置に復する、心もまた同樣、自然と殘つて第三圖のやうに元の位置に殘る、故にこれを稱して殘心と云つたのである。

以上、大概ではあるが、一刀流所傳の刀法に關する說明は了つた。然し劍道の要旨はこれをもつて盡きたのではない。劍道不識論に、玄妙に至つては如何と云ふ問に對して、知らずと云つて、判つたやうで判らない。結局判らないと云ふことになるだらうと答へてゐる。蓋し答へ得て眞なるもの、以下二三の例を附加して此の項を了る。

無　心

劍道不識論に、一切の事は心を以つて主とする、然るを無心と云つて心を廢す、心を廢して劍術なるべきか。

答へて曰はく然り、一の外に心はない。然し君が心とする心は君の心であつて本心ではない。予が無心と云ふのは本來の心を指して云うてをるのである。本來の心には形も刀も色も臭もない。之れを無心と云うたのである。

私心には影があり形ちがある。無心は萬法を一理に歸して、洞然明白である。修してこゝに至らなければその妙理は了解らぬ。或る人が猿を飼つてをつた。戯れに竹刀を以つて突いてみると飛び上つたり、跳ね上つたりして、どうしても突けない。或る日のことだ、今日は一つ突いてやらうと思つてゐると、召使の女が來て「もし」と云ひかけられたので「おい」と返事をしながら突いたところが、何の苦もなく突けた。渡邊昇が眞劍勝負の實際談に「口で云ふとザットこんな順序である。實はこの間のことは全く五分か三分間の出來事で云はゞ電光石火である、その感想なり心持ちなりを云へと云はれても、到底說明は出來ない、芝居や物の本などでみるやうな餘裕は全然なく、全く無我夢中であつたと答へよる外はない、だから敵を斬らうなぞと思つて斬つたわけではなく、向から「渡邊ッ」と呼びかけたから「何ッ」と答へて、同時に何時か一刀に手が掛つて居つたといふ次第で、敵を斬つたことは、後で刀に膏が乘つてゐたのを見てはじめて知つた位である。」

許さぬ處

劍道には許さぬ處が三つある。　一、向ふの起つ處、一、向ふの受け留た處、一、向ふの盡た處、この三つは何れものがすべからざるところである。　そのまゝ疊かけて打ち、突き出さねばならぬ。

語簡ではあるが、意は深である。

突きを入れた時は、いつも向ふの裏へ二三尺も突き貫く心持で突く、投げる時は疊の上へ投げると思うてはとても人は投げられぬ、ねだをうちぬき土の中へ二三尺も投げ込む心持で投げること。　上段から向ふの面を打つときは向ふの肛門まで打ち割る心持ちで打つこと、獅子は鼠を捉ふにも必ず渾身の力を振ふ。　毫釐の差は千萬里、常靜子劍談に常をよくする者は變に達するものと知るべし、印可の場他なしとあるが、これは稽古、これは試合、と區別をするやうでは所詮眞物ではない。古人用意の深さ、記して後賢を俟つ。　豈徒爾ならんや。

道場

我々が劍道を行ふ場所、乃ち道場は何時頃から設けられたものか、確實なる文獻がないので、その起源を明にすることは出來ないが、劍道の勃興と期を同じうしてをると想像されることは何人も同樣であらう。 元來道場といふ名稱は、佛家の言葉であつて、釋氏要覽と云ふ書物に閑宴修道の處を道場といふ、と出てをるが、隋の煬帝は僧居を勅令によつて道場と名付けたこともある。 これによつて考ふるに道場といふ名稱の出典は、可成り古へであつたといふことがわかる、それが何時頃から、日本化して武榭乃ち道場と呼ばれるやうになつたのか、これも恐らく中古以後道場といふ物が設けられてから以來のことであらうと想像されるが、無論その年代は確定してをらない。

偖現在行れてをる道場の有樣はこれを平面圖に書き表はしてみると左の通りであつて、一方の壁面には必ず神殿が設けられてある。 それは云ふまでもなく我が國は神國であり、我々が奉じてをるところの武道は、この神國を開いたところの神から傳はつたからである。

我々が道場に於いて武を講ずるといふことは、とりもなほさず、この神意を内に體して行ふところの修業であつて、乃ち、云ひ換へれば神の意志に從つて動くことである。自分の私利、私慾の爲めに竹刀を振つたり、刀を振りまはすのではない。

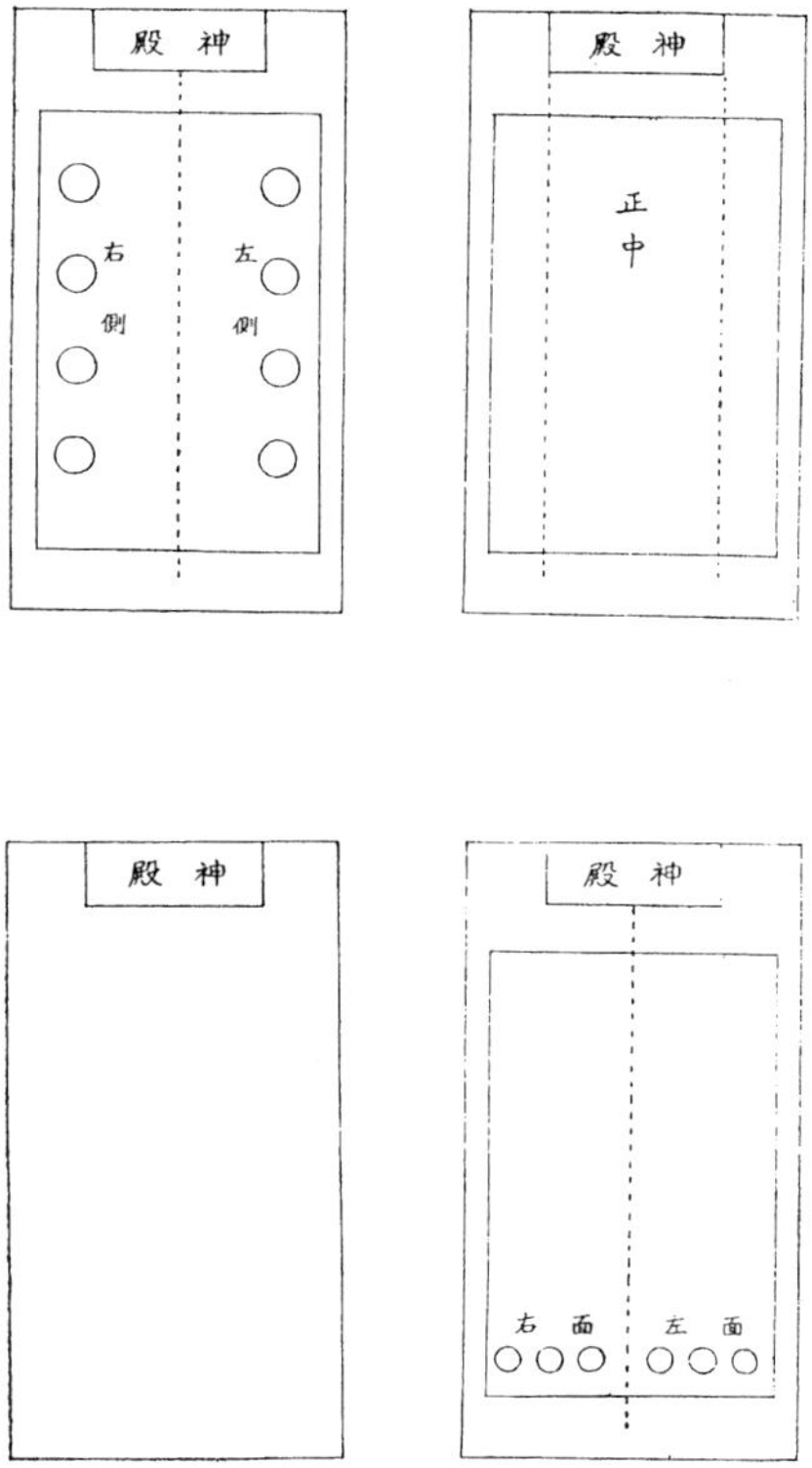

であるから道場に於ける精神は自ら敬虔至誠の一念に支配されて、荒々しい動作の中にも君子の禮讓がある。對手を斃さうといふ刹那にあつても、卑怯未練な考へがない。至高清明な態度で業を角逐する。從つて品性が陶冶されて、立派な人格が打ち出されてくるといふ順序になるのであつて、茲が劍道は一つの修養克己の鍛練道として、長く武人に愛好せられた所以である。ところが近來はこの觀念が大分失はれて來たやうである。時代の變遷に伴ふ人心の轉移、まことにやむを得ないやうであるが、神様は何の爲めに祭つてあるのか、御神體は何か、一向知らないで、人が御辭儀をするから御辭儀をする、嚴肅にやれといふから咳嗽がしたいが我慢をしよう、などでは本當の修業ではない。修業とは總て自分自身に氣が付いて之れを行ふことで、注意されたり物眞似では本物ではない。似たやうではあるがその差千里で微細なことではあるが、この微細なことがなかなか微細なことではない。

日本の武道は武甕槌神と、經津主神がこの大八洲經綸の神意を體して、出雲國五《い》十田《だ》狭《さ》小《を》汀《ばま》にあまくだりましたとき、あらはした神術を心として、その志に從つてこれを行ふのだ、といふことが判然わかつて、鹿島香取の二神の前に頭を下げる。そこに乃ち深い意味があるのであつて、その意味を了解することによつて、はじめて、劍道の本旨に觸れることが出來る、これが古來の武道と、今日行はれてをる運動との根本相違であつて、他は實利を主とし、これは精神を主とする、一は身體の訓練にその重點を置き、これは人格の建設にその中心を置く、從つて彼れは運動であり、これは修養である。この點をはつきり認識して貰らはないと神殿安置の意味もなくなるので、餘談ではあるが一言云ひ及んだ。

そこでこの神殿の御神體は普通は鹿島香取の二神を安置してをるが、私の道場では伊勢の大神を中心に、二神を左右に安置してある。

この神殿の正面を正中と稱してをるが、正中の大さは神殿の廣さを經とし、道場の奥行を緯とした、四方の面積である。

道場は周圍二間幅位の廊を作つて、中央ませを作つて、看客席との區劃を作つたものもある。 また內部全體を板敷にして何等區劃の設定のないのもある。 要するに樣式定式はないやうだ。

道場は坐る位置によつて上下がある。 師は上位に坐し弟子は下位につく、これは不變の定則であるが、その位置がわからないととんだ間違ひを起す。 神前に向つて坐した場合、近い位置を上位とし遠い位置を下位とする、横に並んだ場合正中を上位とし、左を次とし、右はこれに亞ぐ。

神殿は構造の關係で、左右孰れかへ偏した場合には、正中もまた偏する。

神殿に向つて並行して坐した場合、左座、右座といふのは、神殿を主としてこれを云ふのであるから、自己の左右とは反對の位置を指して、これを左座と云ひ、また右座といふ。

次に左右兩側に並んだ場合、左側面、右側面と云ふのも同樣である。

また座の遠近は、神殿を中心にしてこれを云ふのであつて、神殿に近い位置を上位とし、遠い位置を下位とする。 この場合正中の如何にはかゝはらない。 左右何れの面であつても、神殿に近い位置を上座とし、正中に坐してをつても神殿に遠い位置は下座である。

劍道具と服裝

劍道具が始めて製作使用せられた時代を明確に知ることは、甚だ困難である。寶暦明和の間長治四郎左衛門が面、籠手、撓の發明をしたといふ言ひ傳へもあるが、確なる證據があるわけでは無論ない。當時他流の先生方はその發明を誹謗嘲罵したが、事實は時好に投じて長治の道場が次第に繁榮したので、他流の先生方も安閑としてをるわけにはいかなくなつて、我れ勝ちに道具を用ふるやうになつた。それ以來稽古の仕方は一變してしまつたといふ話である。何事に限らずかういふ例は多い。然しそれ以前の稽古とても全くの無防禦では無論なかつた。藝術武功論所藏の揷繪は多分相前後した時代のものであらうと推定されるが、それによると道具等と云つてもごく粗末なもので、竹胴の左腋下を合はせることが出來ないから別に造つたり、胴と垂れとが一與に結び付けられたりして、今日のそれと比較すると隔世の感があつて、兎も角も諸道具の發達は駭目に値する。

竹刀

竹刀を簡單に圖で表はすと、左のとほりになる。

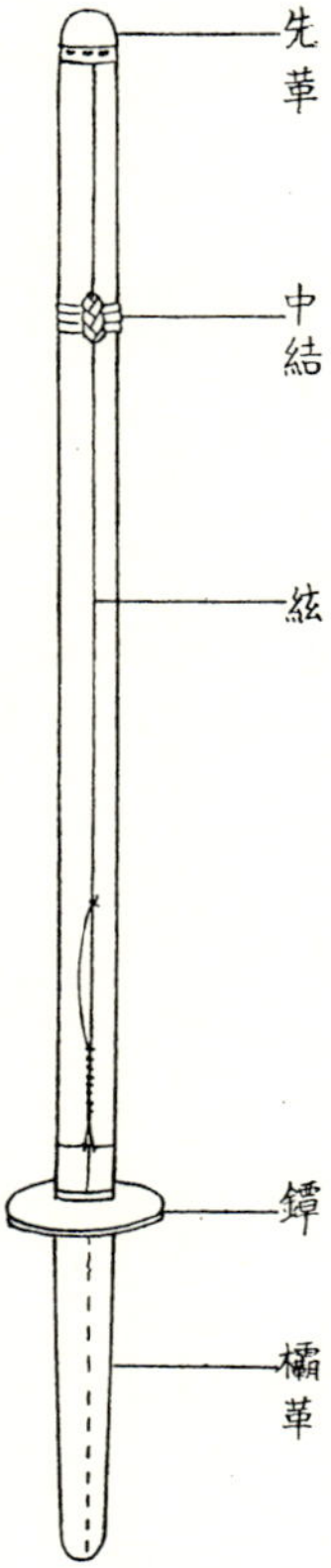

四片に切つた竹を丸るくなるやうに組合せて、先革と欛革とで、上下を收束して、中結でしつかり結び、上下の革の飛ばないやうに三味線糸を眞中に透して〆めてある。

これが即ち竹刀の構である。

木刀

木刀は、木太刀、または木劍と呼ばれてをる。　昔は刀劍の代用として盛に用ひられたが、現代ではこれを以つて稽古または試合をするといふことは絶對になく、專ら基本の練習、または型の稽古等にのみ用ひられてをる。

その種類は大小長短種々あるが、普通一般に用ひられてをるものは、大は三尺三寸五分、小は一尺八寸のものであらう。

今これを圖形に表はして、各部に當る名稱を附すると左圖の通りである。

その材料は白樫、枇杷、赤樫、茱萸、橙、棕梠等が古來用ひられてをるのであるが、一番堅牢なのは白樫であらう。　從つて、その需用もまた多い。　枇杷はその性強靱ではあるが、打合ふ時音が惡い。　これ等はいづれも木質が密で目の細かいのが尊ばれてをる。　それは打合つても折れたり木目がザラザラになるやうな憂がなく、堅牢で保存にもまた適してゐるからである。

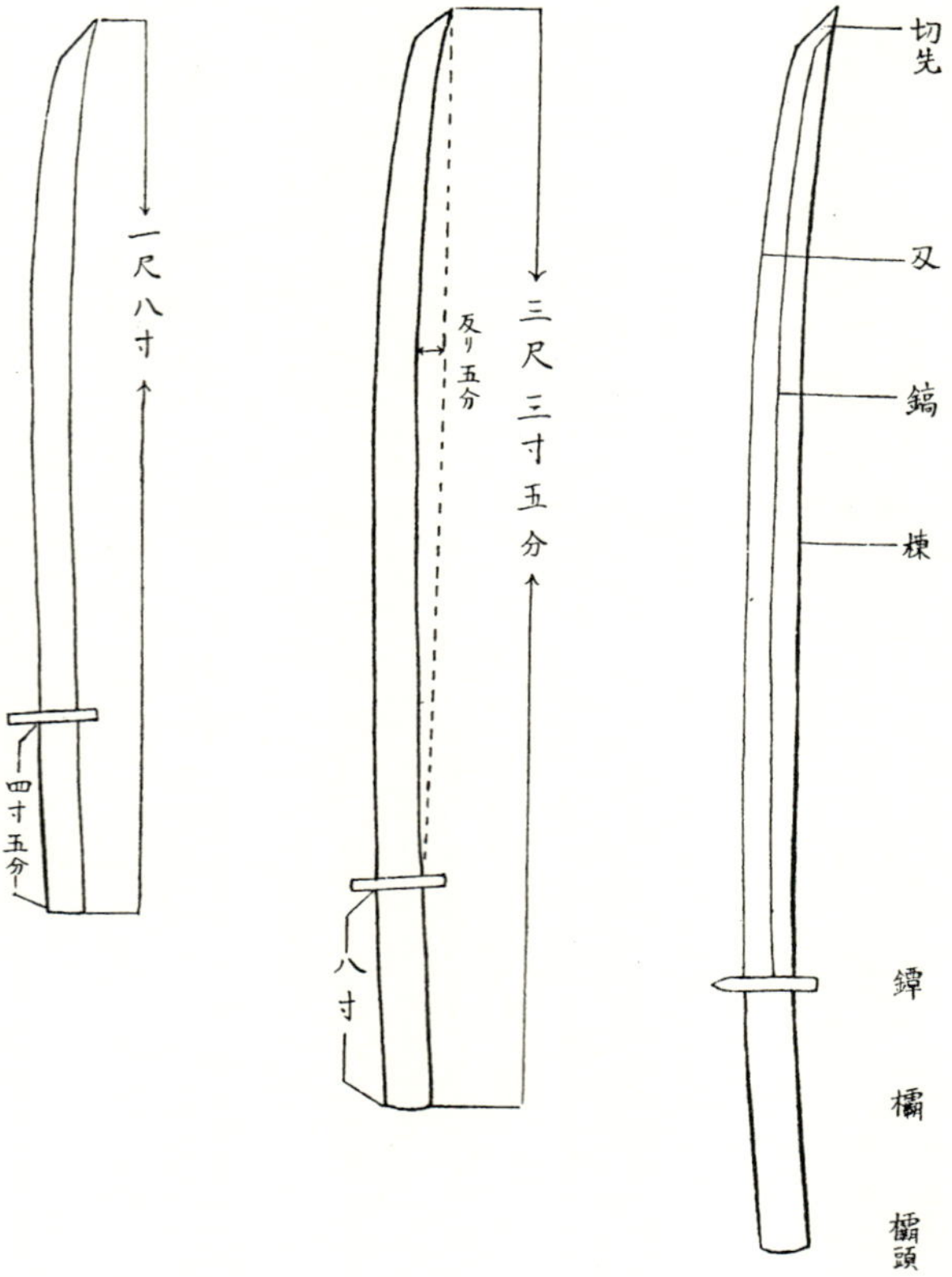
切先
刄
鎬
棟
鐔
欛
欛頭
三尺三寸五分
反り五分
八寸
一尺八寸
四寸五分

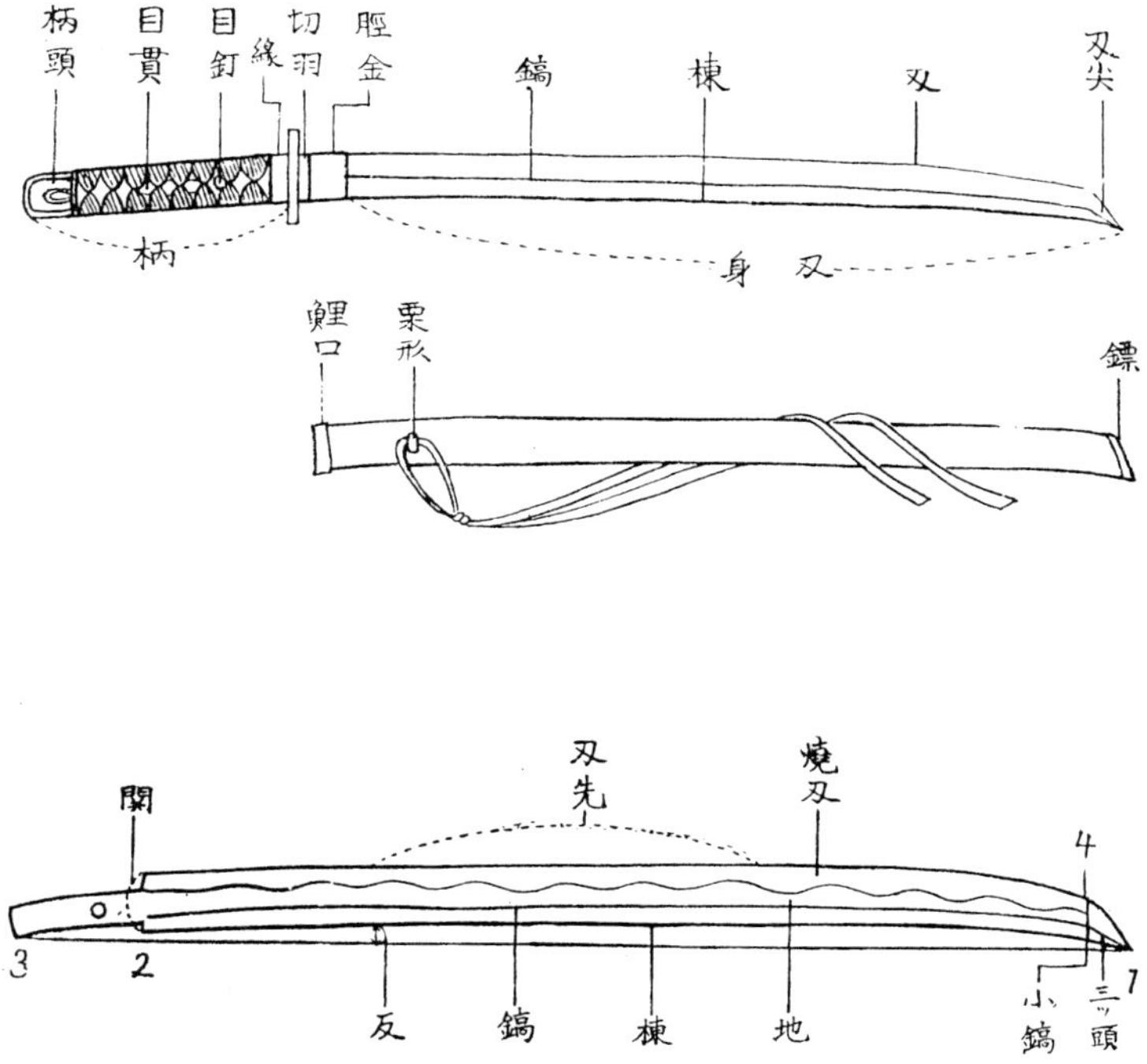
柄頭
目貫
目釘
縁
切羽
脛金
鎬
棟
刃
刃尖
柄
刃身
鯉口
栗形
鏢
刃先
焼刃
関
4
3
2
1
反
鎬
棟
地
小鎬
三ツ頭

劍

今日の戰爭は古しへのそれとは方法に於いても用式に於いても全く異つてをる、從つて嘗つては戰爭の實際的效果を目標として研究された劍道も、今では可成り異つた意味に解釋されてをるので、切角劍道の修業に年限を積んでも劍に對する一通りの心得を承知してをられる方が、漸次減少しつゝある。これは如何にも殘念なことであつて、苟くも劍道の修養に志を立つて多少なりとも御研究になつた方は、劍道とは劍の扱ひ方一切を包含して研究すべきものであるといふ自覺を、筆者は世の劍を學ぶの士に吳々も希望する。然し本項は誰にでも一見して了解つて戴くことが主眼であるから了解りきつたことにまで言ひ及んで居る。そこで前掲にある圖について述べると、第三圖1―3を刀身1―2を實、2―3を中心4―1を刀尖或は鋩子1―3に至る刀身を透した橫の部分を鎬、1―2に至る波狀の部分を燒刄、その反對を棟、棟の厚さを重、刀身は中心によつて欛に入り而して目釘によつて、その脱出を防がれてをる、欛は一名タチノツカ、神代には手上または多加比《たかひ》など稱してをつた、欛の先を欛頭と云ふ。

次に目貫、目貫は目貫穴を透して柄の抜けないやうに止めたものであるが。 夫が何時の間にか裝飾品に化して種々の彫刻品が出來た。 源頼朝が擧兵の時、加藤次景廉に與へた長刀は、父義朝の愛玩品で、銀の小蛭卷に、目貫は寶螺を透したものであつたといふことであるから、裝飾品として立派に工藝化されたといふことは餘程古い時代から行はれてをつたものと想像される、近代に及んでは横谷宗珉、後藤祐乘等の製作は殊に名高い。 またその製作に當つて、名人氣質を發揮した逸話などが、相當巷間に傳はつてをる。 目貫に對して、目釘といふものがある。 これは目釘穴に目釘を挿入してしつかりと止めてその逸脱をふせぐ用をなしてをる。イザ戰ひといふときは、これを濕して、その走るをふせぐのである。

鍔(鐔)の起源も相當古い、記紀に伊弉諾尊が軻遇突智の神を斬つた劍の鍔《つば》から血《ち》激《そゝ》ぎてなる神といふ故事から推してその起源は凡そ想像されやう。 その形も時代によつて種々であり、その名稱も葵鐔、練鐔、粢《し》鐔《とき》等いふ文字が使用されてをることから推定して一樣ではなかつたことが想像される。 また中には金銀を象嵌した優秀な工藝品も、多數遺されてある。

切《はば》羽《き》は鍔の上下の處に裝置して鍔元を固める金具であつて、その意味は脛《ハギ》穿《ハキ》の轉化である。 ハギハキ、を中略してハバキと云つたので、ハバキは云ふまでもなく今日の脚絆のことである。 その狀鍔の上下、刀心を貫いて固めてをるありさまがハバキに類するので、ハバキ金と云つた。 そのハバキ金を下略してハバキとなつたのである。

鞘はさすやの略。 さは揷すの語根、さすやは指《さす》室《や》で、鞘は刀子家也と云ふ註釋を見てもわかるとほり、刀身を入れておくものと云ふ意味である。 木地のまゝのを白鞘、漆で塗つたのを、色に應じて種々に名づけてをる、例へば黑鞘赤鞘等云つてをるが、古代の太刀は金銀の漆塗、或は蒔繪を施したもの等、その種類が非常に多い。

刀身を入れる處を鯉口、鞘尻を鐺、下緒を揷入する處を栗形と稱してをる。

下緒も最初は實用を旨としてをつたやうであるが、時代が進むに從つて裝飾化した。その寸法もまちまちで一定してはゐないが、一般に通用されてをるのは使用者の手の一ひら半位である。その色合も定めはない。然し紫色が一番多く用ひられてをる。その種類も鎌倉下結、半下結、二重下結、ひきめ下結、犬まねぎ等いろいろある。染分の時は自分が戰ふときに決死の意味を表はしたものである。

劍の沿革

刀には種々の名稱がつて、カタナ、タチ、ケン、ツルギ等云つてをるが、この名稱と實物との關係は甚だ曖昧であつて、その區別も亦明瞭でない。

和名抄の解説に從へば、カタナには劍と刀との二種類があり、刀のなかには太刀とカタナの二種類がある。太刀の義は物を斷ち切る意味から左樣名付けたのであつて、カタナはカタハの轉化であり、ツルギはツリハキのリハを反してルと云つたので、緒を長く垂らして佩く意味である。

カタハに對して太古の劍が諸双であるやうに、文字の上では說かれてをるが、實際は必ずしも諸双とは決まつてゐないので、今日ではこれ等の說に多少疑問がある。

傳說によると神代には伊弉諾尊が軻遇突智の神を斬られた十握の劍がある。握は一握であるから、十握の劍はその長さを說明してをる。素戔嗚尊が八岐大蛇を斫り給うたのもやはり十握の劍であつた。大蛇の尾から出た天叢雲劍は、その後日本武尊東夷征討の時、これを佩びて、燒津の原で草を薙拂つて危難を免かれたので、草薙の劍となつて熱田神宮に納まつた。その他蛇韓鋤《からさび》之劍、天蠅斫《はへきり》之劍大葉刈劍、武甕槌神が高倉下《たかくらし》に予へた韴靈《ふつのみたま》等いふ劍の名も記されてあるが孰れも人間の眼には觸れてゐない。從つてこれを語る術がないが、またこれ等の劍がどう鍛練されたか、といふ確かなる證據もない。下つて奈良朝以後になると太刀ならば句麗の麻差比《まさひ》と推古天皇の御製にもあるとほり、舶來の太刀が賞鑑されたであらうといふ反證が詩歌の上に表はれてをるが、孝德の朝に造兵司《つはものつかさ》が置かれて刀劍を作らしめられてをる。

文武天皇の大寶元年には近畿に鍛戸二百十七戸を置いて、毎戸必ず一丁を作ることを命ぜられた。小烏丸の作天國の出現はこの時であつて、それは今を去ること一千二百年の昔である。

天國は大和國宇多郡の人であつて、稀世の名工であつたばかしでなく、また我國の刀劍鍛冶の改革者であつた。小烏丸は平將門討伐の功によつて朱雀帝より平貞盛が賜はつて、平家重代の家寶となつてをつた。轉々して宗伯爵家に傳はり明治十五年三月賢きあたりに獻上せられて今は御物のうちに收められてをる。その後天座もまた稀代の名工であつた。それから百年を經過して大同年間に伯耆國に安綱及びその子眞守《さねもり》が現はれた。現存在銘の刀劍は安綱を以て最古としてをる。その後二百年を經て、一條天皇の永延年間には三條の宗近、備前の友成、正恒、信房、波の三平と稱せられてをる包平、高平、助平等が踵を繼いで相輩出し、かくて次第に隆昌に赴いたのである。

右の內正恒は祖父を保房と云つた。安房の子有正はもと陸奧の鍛冶であつた、のち備前に移つて一風を興したので、後世之の派を備前鍛冶と呼んでゐる。乃ちその系統は有正の子正恒之れを繼ぎ、正恒の長を同じく正恒と呼び次子を恒次と云つた、正恒の子は常保、常保の子恒光、また恒次の子眞恒、眞恒の子定則と子孫承襲して、いづれも名聲があつた。

三條の宗近は稻荷山の粘土を以て刀を淬《にらか》して其名聲高く、稻荷山の神が向槌を打つたといふ傳說も存してをるが、其子吉家また箕裘の藝を紹いで名高く、弟子有國、技精妙の稱があつた。有國の子を兼永といひ、兼永の子を國永といひ、孰れも名聲を當代に馳せ、之の派を稱して三條鍛冶と云つてをる。

其の後白河帝の承保年間に筑後三池に光世といふ刀工が出た。世に之れを三池鍛冶と稱してをる。

下つて鳥羽天皇の御宇、備中青江に青江鍛冶が出でた。初代を安次、其の子守次、守次の子貞次、恒次、恒眞等名人相次いで輩出した。

後二代を經て近衛の朝・大和に行信が出て、その流れを千手院と稱してをる。二條帝の時、出羽に鬼王丸といふものがをつた。 この一派を稱して月山鍛冶と云つてをる。

安德帝の御宇には則宗が福岡に出て、福岡鍛冶の權輿をなしてをる。 則宗は古備前長船定則の子である。 その子安則紹いで、則宗、成宗、末則、助則、盛宗等名工相繼いで輩出した。 則宗造るところの刀の中心に一の字を彫つて、一門之れに倣ひ、この派を福岡一文字といふ。

賴朝天下の執權となつた元曆文治の交、豐後に行平が起つて豐後鍛冶を開いた。行平の父を定秀と云つた。 豐後彥山の僧で、宇佐八幡の僧神息と共に名匠であつた。 豐後に刀工輩出したのはこれ以後である。

建久八年後鳥羽天皇御位を土御門天皇に讓つて上皇と稱せられて以後、京都粟田口の久國と備前の信房を召して自ら刀劍鍛冶の道を學ばれた。 この刀は中心、佩表《おひおもて》、鎺下《はばきした》に十六葉の菊を彫刻して、その印とされた。 世にこれを菊御作と稱してをる。當時御對手として召出されたのが備前則宗、延房、宗吉、助宗、行國、助成、助延、京都粟田口安國、國友、備中貞次、恒次、次官等十二人であつた。これを十二人の番鍛冶と稱してをる、後また十二人を召して、一月に二人、二十四人に分つて刀を作らしめた。その人々は粟田口國友、大和の重弘、伯耆の宗隆、美作の朝忠、實經、備前の包道、師實、長助、行國、近房、包近、定房、則次、吉房、朝助、章實、實經、房末、信房、包助、則宗、是助、備中の則眞、備後の行平である、これを廿四人の番鍛冶といふ。上皇隱岐に移されて、後六人の番鍛冶を召されて毎月交番に刀を造らしめられた。粟田口則國、景國、國綱、備前の宗吉、信正、助則がこれである。當時此等の刀工はいづれも位階勳等を賜はつて、名譽ある官爵を授けられ、所領を賜はつて、勢威兼ね有することが出來たので、天下の名工は競うてその業《わざ》を磨き、鍛劍の技は空前の發達を遂ぐるに至つたのである。

四條天皇の御宇その重なるものを擧ぐれば、備前長船に光忠、安忠がをつた。光忠の子長光は箕裘の藝を繼いで出藍の譽があつた。世にこれを長船一派と稱してをる。

建長の時代には粟田口に來國行がをつた。國行の父は國吉、國吉の兄は吉光、共に一代の名人で國行の子國俊はじめて來の姓を冒した。所謂來一家である。

龜山天皇の御宇、時宗執政の時代に備前長船に守家が出た。其子二代守家、弟家助、子眞守いづれも大業物の刀工で畠田一派と稱してをる。

時代を同じうして肥後に菊池鍛冶があつた。後宇多天皇の朝、粟田口吉《とし》光《みつ》名聞を揮つて、その一派を粟田口派と稱してをる。乃ちその祖國友、その弟久國、次弟四人國安、國清、有國、國綱、國友、の子則國、則國の子國吉、國光、吉光、而して、吉光に至つて、衆長を聚めて、一代の翹楚となつた。

當時鎌倉に出現したのは五郎正宗である。志す處全國の粹と諸流の長との集大成にあつたので、五畿八道を周游して、法を諸家に問ひ天下の絶巧を極めて海內に鳴つた。門下出すところの刀工、曰く彥四郞貞宗、松倉の鄉義弘、濱の左衞門三郞、美濃の志津三郞、越中御服の鄉則重、備前の長船、兼光及び長義、山城の來國次、長部部國重、美濃の關金重、石見の直綱、相模の秋廣等その數枚擧に暇がない。

貞宗の門には山代の初代信國、但馬の法城寺國光、豐後の友行等各〻一派の名匠であつた。この派を稱して鎌倉鍛冶と云つてをる。

猶擧ぐれば薩摩に波平鍛冶があつて、行安はその祖である。

筑前の博多鍛冶、西蓮華の一派で三郎左衞門左文字の刀を作つて大左といふ。

福岡の一文字、當麻の國友、大和の播手、雲生一派の鵜飼鍛冶、備後の三原鍛冶、但馬の法城寺鍛冶、伊勢桑名の千字鍛字等以上合せて二十三流、これ乃ち本邦刀工の大本にして、爾來諸流次第に派生して、其技遞に下り、天文十五年埋忠重吉の復興に至る間、數代、鍛冶の法は萎靡としてまた奮はず、遂に昔日の觀を失つた。

梅忠の門下には京都堀川の國廣、肥前佐賀の橋本忠吉等があつて、いづれも優秀の技を以て鳴つた。また美濃の關の劍工吉道も西洞院に住し併せて當時の巨擘であつた。これ等の作者を名づけて新刀の作者と云つてをる。

以上刀劍の沿革を略述した。その他刀についての造りの特長、鑪の切り方、刄文の區別等數へ上げれば限りがないので、これはこの邊でうち切つておかう。
刀劍の種類は、儀仗と兵仗の二つに別けて區別することが出來る。　錺太刀、錺太刀代蒔繪の太刀は、前者に屬する。　野太刀、打刀、大太刀、鞘卷脇差等は後者である。その長さは六寸五分から、七尺に及ぶものまであつて一定はしてゐない。　然し古來の名刀には、五尺六尺の太刀は餘りないやうだ。

大抵は二尺から二尺幾寸の間である。

昔しは武人は刀を尊んで、魂としてをつた。

畏れ多いことではあるが、
明治大帝は

おのが身をまもり刀は天にますみをやの神のみたまなりけり

と仰せられてをる。　皇祖皇宗の御偉勳や、十握の劍、天の叢雲劍の由來に思ひを致せば、今更こと新らしく說明するまでもなからう。　同時に吾々は劍を以てみおやの神のみ魂なりけりと詠ぜられた

大帝の大御心に匹敵すべき何物をも見出し得ないのであるが、大帝はまた

みにはよし佩かずなりとも劍太刀磨ぎな忘れそ大和心を

と仰せられてをる、あゝ磨ぎな忘れそ大和心を、何んたるそれは含蓄の深い言葉であらう。維新以來七十年、國運の隆昌するところ、國威の顯揚せらるゝところ、それは實に、上下一致よくこの　大御心を體して進んできたからではあるまいか。されば一朝事ある時に當つては、

國の仇はらはん爲めときたひてし太刀の光は世に輝きぬ

と仰せられてをるが、國民精神の作興するところ、日本魂の魂である日本刀は、いつでも不變の光りを放つて、その前途を祝福するのである。

これを唐の歐陽修は日本刀歌と題して、七言古風の長歌で歌つてゐる。試みに採錄してみると、

日本刀歌

歐陽修（六一居士）

昆夷道遠《クシテ》不復《タ》通《ゼ》。世《ニ》傳《フ》切玉誰能《カ》窮《クメン》。寶刀近《ク》出日本國。越賈得《タリ》之《レヲ》滄海東。魚皮裝貼《テフス》香木鞘。黃白間雜《ス》鍮《ト》與《ト》銅。百金傳入《ル》好事《ノ》手。佩服可以《シテ》讓《フ》妖凶《ヲ》。傳聞《ク》其國居《リ》大島《ニ》。土壤沃饒風俗好《シ》。其先《ハ》徐福詐《リ》秦民《ヲ》。採藥淹留丱《クワン》童老。百工五種與《ト》之居《リ》。至今器玩皆精巧。前朝貢獻屢往來《ス》。士人往々工《ミナリ》詞藻《ニ》。徐福《ガ》行《ク》時書未《ズ》焚《カレ》。逸書百篇今尚《ホ》存《ス》。令嚴《ニ》不《シテ》許《サ》傳《フルヿヲ》中國《ニ》。舉世無《シ》人《ノ》識《ル》古文《ヲ》。先王大典藏《セラル》夷貊《ニ》。蒼波浩蕩無《シ》通《ズル》津《ヲ》。令《シム》人《ヲ》感激《シテ》坐《シテ》流《サ》涕《ヲ》。鏽澁短刀何《ゾ》足《ラン》云《ニ》。

歐陽修は字は永叔、一六居士と號し、文忠公と謚されてをる。宋の仁宗の朝の大學者である。因に宋の仁宗は我が朝の後一條から御冷泉に及ぶ藤氏全盛の期に當つてをる。廬陵の人で四才で御父さんに別れ御母さんの手一つで育てられた。その文章は早くから文章軌範や八大家文に掲載されてをるので知らぬ人はない。さてそこで日本刀歌の解釋であるが、書き出しは寶刀近頃日本といふ國から出た、それを自分は越賈乃ち越の國の商人から手に入れた。見ると成る程立派なものだ。嘗つて昔し周の穆王の時、西の方の胡に昆吾といふ族があつた。その族は切玉といふ名劍を錬つてこれを大王に獻じたといふ話しがあるが、それは大昔しのことであつてどういふ劍であるかトント判然らない。これを歐陽修は昆夷道遠くしてまた通ぜず。世に傳ふ切玉誰れかよく窮めん、寶刀近く出づ日本國、越賈これを得たり滄海の東と歌つた。越賈といふのは越の國の商人といふ意味で、支那から日本を見たならば渺茫たる蒼海の彼方に當つてをる。そして日出づる國で東に當つてゐる。さてこの日出づる國から持つて來たところの寶刀を手にとつてみると、それは、金銀珠玉や魚皮を以つて裝られた香木の中にそれは納つてゐるのであるが、それを今自分は百金で手に入れたので、腰に佩いで、ぬき拂つてみると、光茫燦として自ら妖凶を攘ふの慨がある、實に見事なものである。と云つて次の一齣はこれを手に入れて讃嘆してゐる。が一體こういふ立派な物が出來る日本といふ國はどういふ國であらうか。聞くところによれば大きな島國で、土壤饒かに國內安穩の國であるさうであるが、嘗つて徐福が秦民を詐つて蓬萊仙山に行くといつて、萬里の波濤大船を泛べて、行方ともなく往つてしまつたといふことであるが、その子孫が漂着して漸次繁榮したといふ島があるがそれだらうか。

徐福の船は先秦の文化は擧げてこれ盡して往つたのであるから、その國から造られる器玩が皆精巧であるのも敢へて怪しむに足らない。前朝の時代にはそれでも絶えず往來をしてをつたのであまり瞭りしたことは判然らないが、その國の人達は非常に詩を造つたり文章を書くことが上手であるさうである。徐福が往くときはまだ焚書の災もなかつたから古代の文や、逸書の數々は無論持つて行つたことであらうし、またそれは今日に至るも猶存してゐるであらう。がその國の法令は嚴重でみだりに海外に持ち出すことを禁じてあるので吾國には傳はらない。如何にも殘念なことだ。かうして我が國では古代の文字といふ者を識る者がなくなつてしまひ、先王の大典は全部外國で保存されてゐるといふやうな始末になつてしまつた。是非往つて研究してみたいと思ふが、茫々たる海中、何れを渡つたらよいのか方針がつかぬ、思うて三嘆しこれを空うして唯だ涕をながすのみである。あゝそれは鏽のついた短刀のやうなもので、どうしやうもないではない。昆吾の切玉に初まつて、日本刀を讃嘆して、鏽刀に終る、無限の感慨、轉た悲愴の思がある。先秦の遺民は聊か腑に落ちないが、百金手に入れて、駭目諦視感嘆措く能はなかつた寶刀の種類はどういふものであつたのか知る由もないが、時恰も小鍛冶守恒を輩出した品位並ぶものなき古刀の製作せられた全盛時代、想ひやるだに光景は髣髴として眼裡に浮び來るではないか。

日本剣道型

日本劍道型

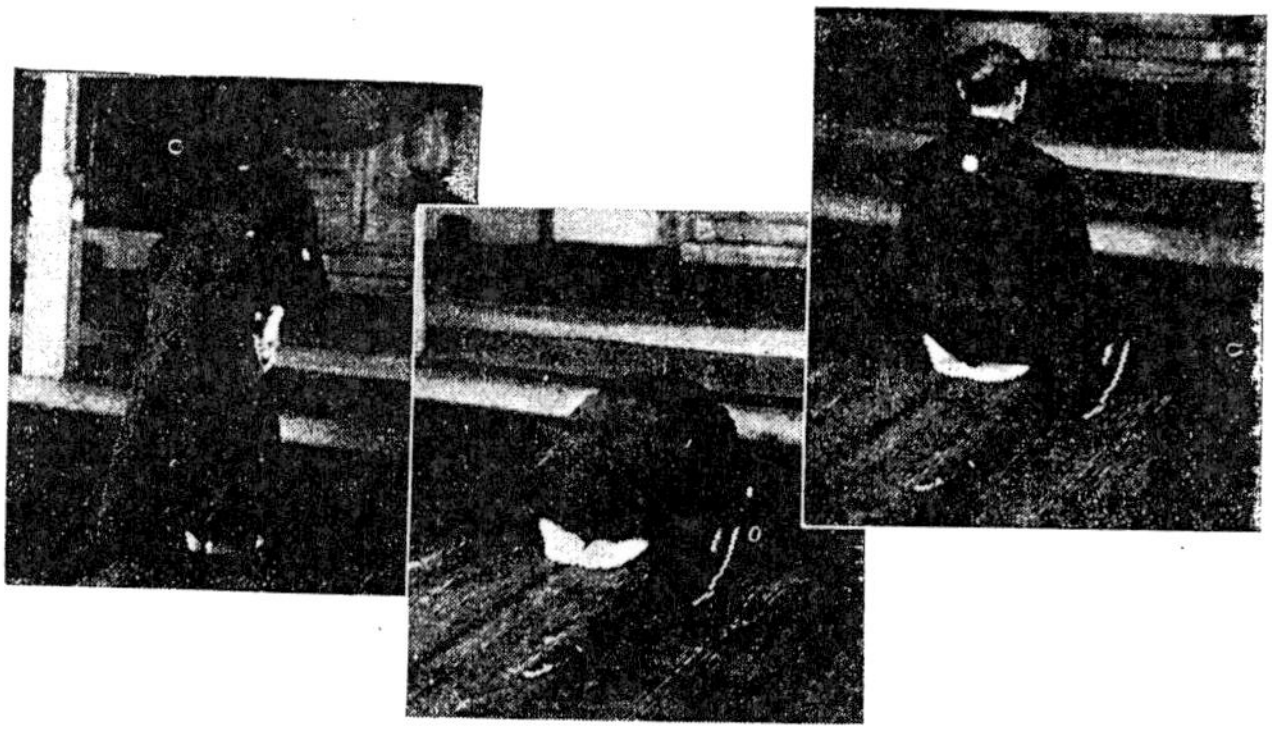

一、神前の禮

自第一圖、至第三圖は刀の提げ方と、神前の禮とを示した。云ふまでもなく、武道は武人の修養である。從つて古來の格律を遵守するといふことは必須の條件でなければならない。然しそれも近來は兎角閑却され勝ちで、一片の儀禮に過ぎないやうな傾向になつてきた。これは、やゝともすれば武道家が、粗暴野卑に墮する大きな原因で、古禮に則つとるといふことは、無論一片の形式ではない。あくまでもその精神を繼承して、神の前に一切の私利私慾を拂拭して、清明を誓ふことである。故に行爲に現はれて、卑怯未練の振舞がない。諂佞邪智の私曲がない。霽月光風自ら一個盛德の人格を打成し來るのである。本圖初に神前の禮を示したのは畢竟この意味に外ならない。觀者これを輕々に付するなくんば幸である。

刀の提げ方もまた一にして足らない。自分よりも身分地位の上にある人に相對した場合、同等の士と相接した時、各々その持ち方に差違があるが、本圖に示されたものは上位の人に相對した場合の提げ方である。（英譯第63頁參照）

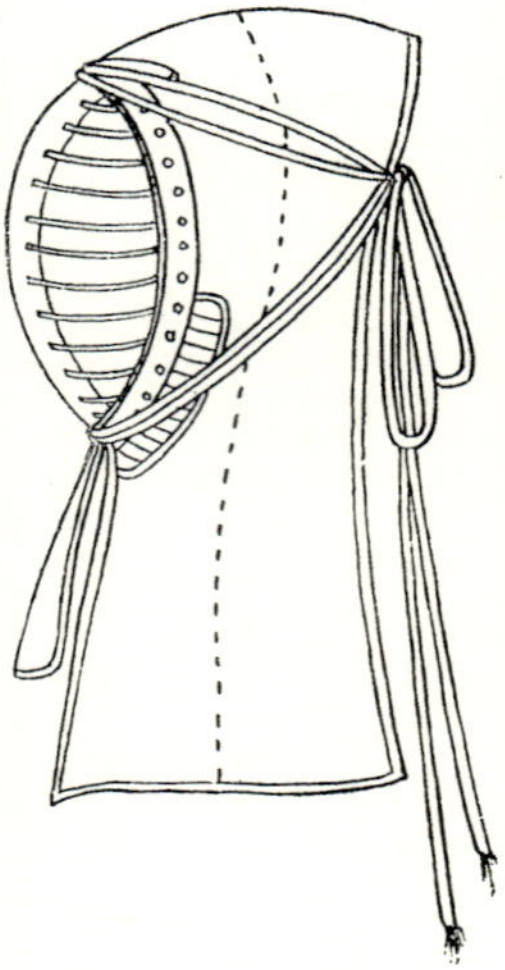

二、稽古道具を付けたる圖

本圖示すところのものは稽古道具を着けたところである。但し面籠手は左手に持つて、胸（上）と垂れとを着用してをる。

一應着用の順序を述べると、最初に垂れを着ける。大垂れを中央にして、高さは臍よりやゝ下さがり、西洋人ならばバンドの位置よりも猶下方、下腹部に充てゝ、兩端の紐を取つて、後へ一回廻はして、前の大垂れの下で結ぶ。

次に胸を着ける。先づ胸から腹へ充てゝ後ろの紐を取つて肩から前に廻はし、上端についてをる紐輪へとほして結ぶのであるが、この紐は各々右、左にある。乃ち右の紐は右肩を越して右の紐輪、左紐は同樣左へと、胸を蔽うてをる道具を一應肩で釣つてをくのである。そして後方下端にある紐は後で、引けばほどけるやうに結んでをく。

かくして本圖のやうに、兩籠手を左に、撓を右に持つて、道場に出る。そして面と籠手とは道場に端坐してからこれを着ける。面には兩紐が着いてをる。兩紐を右圖のやうに、上下に廻はして後頭部のところで結ぶ。そして兩の手を籠手にさしいれて、竹刀を握つて稽古をする。これが、目下行はれてをるところの竹刀稽古にいたるまでの用意の順序である。（英譯第93頁參照）

三、眞向上段の圖

刀術の生命は斷にある。斷の效果は切り下げを第一とする。他は乃ちその應用であつて、いまその種目を列擧すれば、左右、斜、切り上げ等がある。本圖に示すところの最高上段（一名天の構へ）の構へは、乃ちこの切り下げを主としたものである。

そしてこの構への要旨は斷えず對手を壓迫して、先の機を取るところにある。從つて對手が術を爲さんとするの刹那（出端とも云ふ）或は二の太刀を目的とする術は、その本道でない。これ乃ち劍の氣構にして、竹刀の場合とその逼力に相違がある。蓋し武器の相違にしてやむを得ざるものであらう。（英譯第64頁參照）

四、中段の構

劍の技の貴ぶところは術の變化にある。蓋し彼れを知り、己れを知つて、任運自在に轉ずることは兵家の恒。であるが、本圖に示すところの構へは、この目的を達する唯一の完法である。相手の如何にかゝはらず、武器の大小長短を論ぜず、攻防兼ね併せて、變轉無礙の妙を表はすもの、この構を措いて他にはない。

この場合その劍尖をつくるところ、對手の眼中に在るのが通則であるが。轉じて咽喉、或は胸元（水月、中心、中墨）に置く場合もある。畢竟相手の武器に應じて、目標に多少の差違を生ずるのは、兵法に所謂水に常形なし、その性低きにつくと同様である。

（英譯第 65 頁參照）

五、右橫構、上段の場合

本圖俗に八相の構ともいふ。（八相とは八發八發といふことで、攻擊に對して、變化無限といふ意味である。）鎧兜に身を固めた場合には上段にはとれないので、本構を用ふるのである。これは敵を壓した姿であつて、機は先先の

氣を藏してをる。凡そ刀の用法、斫刀は必ずこれを返すといふことが原則となつてゐる。故に切り下げた刀は、再びこれを切り上げる。とゞめとは卽ち切つた刀が再び返つてくる處から命名されたものであつて、一刀一殺は畢竟心の構であつて、刀の運用いつでも二刀一殺を以て原則とされてをる。本術は、體をそのまゝにして、横切りにするか、左足を引くか、右足を進めて、上中下三段に切り込むのである。神道無念流に遺る本術の變化は四段（四種類）である。八相は形の出會と稱し、形の構へとして本來重要なものとされてをるが、これを竹刀に用ひた例は殆んどない。（英譯第65頁參照）

六、逆下段の構

本構へは距離の轉化に對する應手であつて、薙刀、槍に對して本構を用ひた例は、古來幾多の文獻がある。

また下段の構へは、左右ともに、對手の術に出でんとする、出足の先を制して、之れを逼迫し、劍は足部の盾となつて、敵に乘ずる隙を與へしめない。孫子に所謂善く兵を用ふるものとは、正

しくとう云ふ構の云ひではなからうか。（英譯第 66 頁參照）

七、霞の構

本圖は稱して霞の構、或は燕返し等と云つてをる。此の法を用ひて對手を制するの順序は、刀尖をその眼中につけて、そのまゝ入身（敵の手元に入ること）の攻撃に出るのがその一。右足を踏出す瞬間、刀を左に旋回して、相手を下から切り上げるのがその二。逆に左足を引きながら切るのがその三。でこれを掌中の作用と謂つてをる。古來難道の一關である。神道無念流には、中段より轉じて、本構に入る手がある。また、術の變化は、必ずしも掌中の技を用ひない場合もある。

注意、本構は對手上段の場合、最も有效である。

（英譯第 66 頁參照）

八、小太刀受け流しの場合

受けは十字を以つて本則としてをる。然るに本場合のやうに小太刀を以つて長刀を受け流す時に、特に注意を要することは、これを小太刀の平と、體の運用とを併用しなければ効果がないといふことである。俗にこれを斜め受け流しと云つてをる。乃ち受け流すと同時に敵の手元に入るからである。

元來小太刀は、相手の武器に觸れないで、相手に近づくことを以つて目的としてをるので、體は左、右の開合、前後の進退・動作の輕捷神速を最も尊ぶ。今大日本帝國劍道形にその形を殘してをる。（英譯第67頁參照）

九、相上段の構

上段の特長を、各流派の士は擧つてこれを説いてをる。圖に示したやうな狀態乃ちお互に上段に構へた場合を名づけて、相上段と云つてをる。そしてその形勢を五と五の對と謂ふ。乃ち兩者の爭ひには形ちの上に於ては優劣がない從つて勝負の分岐は兩者の氣勢によつて決定するのである。（英譯第67頁參照）

一〇、鍔糶の場合

本圖示すところのものを普通名づけて鍔糶と謂つてをる。一體この鍔糶はどうして起るか、といふと、無論その原因は複雜であつて、簡單にからなつたからだ、と云つてしまふわけにはゆかないが、要するに兩者の術、變化、駈引等が突差の間に行はれる亂打の刹那、期せずして表らはれてくる狀態であつて、その武器が觸れても對手を傷けたり、または斃すやうな危險のない竹刀であることにも無論その原因を歸することは出來る。その證據には、古來からの記錄に、眞劍勝負で、鍔糶になつたといふ場合が斷えてない、と云つても過言ではないのである。然し實際に用ひられたかどうかといふことは疑問ではあるが、長谷川英信流拔刀篇に、この場合の型が傳へられてをる。そしてそれはこの業によつてはじめて用ひられるのである。

今竹刀でこの狀態になつた場合にとるべき手段、方法を考へてみると、第一に、對手の鍔元に氣を付けること、そして、一歩を先にして、先をかけることが一番肝心であつて、先をかけながら離すか、對手を押して二の太刀をかけるのであるが、それはその孰れの場合でも、充分に氣を落ちつけて決行することが最も必要であつて、焦せつたり上つたりすると、逆にこの手を敵に用ひられることになる。

武藝家小傳に諸岡一羽の門人で、岩間小熊と根岸兎角が、橋の上で勝負を決したとき、御互に打つた太刀がガツチリ組んで鍔糶になつた咄しが出てゐる。本書附錄にこれを記しておいたので一應御披見になるとよくわかると思ふが、その時岩間小熊は、鍔糶の形ちのまゝで、根岸を橋の欄干まで押しつけた。そして、その足を掴んで川へ放り込んでしまつた、といふことが云ひ傳へられてをる。幸ひに、當時の橋は桁が低いので押しつけられた瞬間に體が宙に浮いたから、足を掴んで放り込むといふやうなこの業も容易に出來たのであらう。今日のやうな橋では岩間小熊のとつた方法が、突差の間に出來るかどうかは、無論疑問だ。が、四圍の狀況とか、彼我の地位に應じて術の變化に出るといふことは斯道の極意であつて、これは所謂輪篇不傳の傳で、教へて教へられるものではなく、人々の會得に俟つより仕方がない。（英譯第68頁參照）

二、相中段の構

本圖を稱して相中段の構へと云つてをる。さてかう云ふやうな場合に、自分を中心として、持つてをるところの武器の長さを半徑として一つの圓周を描いて、この圓周の內を稱して自己の間と云つてをるが、この圓周以內乃ち自己の間といふのは技の效果が發生し得る範圍のことである。そこで今圖にあるやうな狀態のもとに相對した時、御互の間が均しい場合を名づけて五、五の對と云つてをるが、この場合自他の間隔に、遠、近、中、の三樣あることゝ、この三樣の効力とは勝敗を左右する關鍵であるので、最も研究に値する主要問題である。

（英譯第69頁參照）

三、橫面の場合

術に縱橫の二態があり、身體の運用に前後左右の變化があるが、業の完成とは、これ等を兼ね併せて、自在に應用し得ることを云ふのである。が然し、竹刀の稽古と、劍の本則とは必ずしも並行しないので、武藝家は、その武器の特色と運用の方法とを平常から心掛けて、萬一の用意に備へなければならない。本場合のやうな横面の業も竹刀にあつて平常に行はれて効果のあるものではあるが、刀術にこれを用ひても同樣かといふと決してさうだとは斷言し兼ねる。云ふまでもなく刀術は諸手を用ひてはじめてその効果を得るのであつて、それを片手で行ふといふことは、行つて行ひ得られないわけでもあるまいがまづ難かしい仕事であらう、實際に刀を片手で揮つてみても刄筋は中々反へりにくい。であるから武藝家は常に武器に對する用意が肝心で、萬一の場合、九仞の功を一簣に缺くやうなことがあつてはならない。そこでこの横面の業を行ふ場合、左手のしまり、右肩の引方、腰の力、足の踏み方が、最も大切で、その孰れに狂ひがあつても、業の効果には影響があるものである。

（英譯第 69 頁參照）

一三、片手突きの場合

本圖は特に兩刀に對する、片手突きの例を示したものである。

ところで突きは本來その性質上極めて不確實なものとされてをるのであるが、その危險を防止する爲めには、二の

突、三の突きと連續して行はれることによつて、はじめて眞の突きといふことが出來るのである。玆に示した片手突きは、死に術と、稱して、古來尤も危險視されてをるものである。この場合注意を要することは、自己の體が流れないこと丶手首の締りとである。餘談ではあるが、現在存する突き術は、十五六種あるが、その白眉は抛げ突きであらう。（英譯第 70 頁參照）

一四、二刀小太刀運用の場合

本圖は二刀の有利なる一例を示したものである。乃ち諸手を以つて、當方の面上に切り込んで來る對手の太刀を、大刀で障へて、小刀で對手の胸を突く。この場合對手諸手の壓力に對して、これを障へんとする當方の力は片手業であるから、障へんとする刹那、下から逆にこれを押し上げるやうにしなければ効果がない。竹刀二刀の場合に、本例のやうな業を見出すことは難かしいが、古流眞劍の業としては立派に遺されてをる。（英譯第 71 頁參照）

一五、小太刀構の場合

本圖の構を稱して、中條流機先の構と云つてをる。今に存して優越なる術とされてをるが、本構の特に著しい効果は、太刀以外の特種武器に對する時に於てである。（英譯第 71 頁參照）

一六、相手の顔面を切る場合

杖術が對手を壓迫してその効果を表らはす一番主たる原因は、乃ち太刀の長さに鐵扇の長さを加へただけの長さの利用といふことにあるが、同じ長さの太刀であつても、體の開きによる長さの變化によつて、對手を仕留めることも出來、また逸する場合もある。故に長さの利用といふことは武術に於いては死活の關鍵である。本圖示すところのものは英信流刀術拔刀篇にあるものであつて、對手が腰を切りに來るところを、中段より左廻はしに刀を廻はし乍ら、右足を大きく右斜め後方に退いて、對手の面部を切るのであつて、その目的物に對しては充分に之れを切ること勿論である。（英譯第 71 頁參照）

咄しは幕末の頃である。山岡鐵舟が出羽の清川八郎を其の邸内に匿まつたことがあつた。スルト鐵舟の邸周圍には、毎日のやうに怪しげな人間が出沒して、絶えず監視の目が見張られるやうになつた。

折柄鐵舟が外出して不在の時である。六七人の荒くれた侍達が、表玄關に表らはれて、

頼もうと、呼んだ。

恰度奥座敷で、仕事に餘念のなかつた、若い鐵舟夫人は、その聲を聽きつけて、起つて、表玄關の障子を開けると、その中の一人が威氣高に、

鐵太郎は居るか？

と怒鳴つた。夫人は靜かに、不在の旨を告げた、スルト連中はエタリとばかり、履物も脱がないで、式臺に上り込んで、

デハ歸るまで待たせてもらはう。

夫人の咄等は上の空で、聽かうともしない。やがて長々と引くり反つて寢てしまつた。

用事を濟せて吾が家に歸つた鐵舟は、河岸で鮪が放り出されたやうな恰好をした若侍が、處を得顔に式臺の上に寢轉がつてをるのを見て、

何と思つたか、頭と云はず顔と云はず、縱横無盡に踏み潰して座敷へ上つた。そして奥方に、

玄關に埃が落ちてゐるから掃き出せ。

と云つた。

折角留守を覗つて强がつたものゝ劍を取つては鐵舟の敵ではない。下駄で顔を踏み付けられた豪傑連は、奥方が玄關の障子を明けた時分には一人も居なかつた。

そこで鐵舟は

骨を折つて、君を陞つてはみたものゝ、どうも玆は完全な安全地帶ではない。折角王事に盡瘁してをられる君の身體に、もし萬一の事があつては大變だ。どうだ、一と先づ、江戸を引き上げて、ホトボリの醒めるまで故郷へ歸つては、と慫めた。スルト八郎は、

自分も内々さういふ考へを持つてゐた。好意にあまえて君に迷惑が懸るやうなことがあつては大變だ。兎に角一旦何處ぞへ落ち付かうと、相談一決して、聊かの酒筵に別盃を酌んだ。旅仕度もそこそこに、鐵舟邸を辭するとき、何にかの足しにと鐵舟は佩いてをつた脇差を贈つた。いや有り難う、種々と御厚意にあづかつた上に斯樣な心配を戴いては痛み入るが、途中用心の爲め拜借すると云つて、八郎は受け取つて腰に差し道を赤羽根橋に差しかゝると、夕闇に勁く人陰は、どうやら容子を知つての敵方か氣付いた時は已に遲い。八郎一人をおつ取り圍んだ白刄は有無を言はさず、必殺の氣勢を以つて迫つて來た。時に八郎の得物は、先刻鐵舟から贈られた小刀である。左手を小橋に入身半身に構へた彼れは、イラッテ踏込む敵の大刀を左手に障へて、突きの一手で、都合八人を斃したが、その身も被る數個所の深手に今はたまらず、膾のやうに斬りさいなまれて無殘の姿を路傍に曝した。あたりは一面血汐に濕れて、悽慘目を蔽ふ光景を、遠卷きにして立ち騷いでをる物見高い群衆を掻き分けて表はれた一人の壯漢が、遺棄された屍體に、親の仇清川八郎と、叫んで一刀の下にその首を落して、用意の布呂敷に押し包んで何處ともなく立ち去つた、これは清川八郎終末の纒末であるが、小太刀入身の業として遺された好箇の資料である。

一七、小太刀入身に至らんとする場合

小太刀を以つて構へた場合、その心は常に無刀の心であれといふことが常則である。從つて之れを形に表はすといふことは、已にそこに多少の無理が伴はれる。無理を強ひて今こゝに形に表らはして示すところのものは、大日本帝國劍道形である。

小太刀の効果は相手の近距離に入つて初めて表はれるものであつて、左手の働きは、押へ、はづし、障等の術を、その場合に應じてあらはして、小太刀の運用を支持するのである。

（英譯第 72 頁參照）

一八、楯に更ふるに小太刀を持てる場合

日本の楯は、西洋のそれとは、形式に於いても用途に於いてもいちじるしく違つてをる。

和名抄の征戰具の部に、楯太天は狹にして長、天太天は步兵の持つところと説明してある。

また延喜式第四伊勢太神《オンム》宮《カミ》の條には、楯長さ四尺五寸五分、背に取手柄を付くと書いてある。神代紀下には、供造《ツクランモ、》二百八十縫《ヌヒアマリヤソ》之白楯《ヌヒノシラタテ》一といふ記事がある。萬葉集一卷廿八和銅元年戊中《ツチノエサル》天《スメラ》皇御製歌《ミコトノヨミマセルオホミウタ》。

マスラヲノ鞆ノ音スナリモノヽフノ大マヘツギミ楯タツラシモ

といふ和歌がある。これ等を綜合して考へてみてもわかるとほり、日本の楯は野陣を布いた際の矢防ぎであつて、西洋の楯とは異つてをる。然しその後亂軍の際兜を楯の代用として、身を防いだといふことが書き遺されてをるが、これは便宜借用したまでゞあつて矢張り西洋の楯とは異つてをる。故に武器として西洋式の楯は存在してをらなかつたといふことは間違ひのない事實であるので、本圖はその對象として小太刀を假りて楯の用に充てた。從つて圖の意味は小刀は楯、大刀は劍とみて、今その構を玆に示したのである。（英譯第 72 頁參照）

一九、後方の者を片手にて突きたる場合

本圖は後方の者を片手で突いた場合を示したのであつて、此の方法は現今では拔刀篇に遺つてをる「二人連れ」といふのがそれである。後ろから刀の鐺を握つたところを逆に拂つて、ふり向き乍ら突くのであるが、夢想心傳流では上から下へ突き、神道無念流では水平に突くように教へてをる。

これと類を同じうして、三方切り、四方突き、追ひ打ち等の業があるが、就中本術を以て一番至難としてをる。ところでこの際肝要なことは、左足を充分に踏み出して、對手を追ひ込むことである。（英譯第 73 頁參照）

二〇、相互中段にて近距離にある場合

本場合最も注意を要することは、自己の刀尖を對手の中心に絶えず着けて決してこれを對手の體外に外さぬことである。そして對手の刀尖をイナス（劍道の通常語であつて、對手の刀尖を出來るだけ自己の體以外に外すことを云ふ）やうに努める。

かゝる手元（近距離のこと）の修業は劍尖を利かす（劍尖に全力を集中して、氣分、術、力を發揮すること）ことを最も必要とする。本術競合の形は神道無念流に存してをる。「踏み異ひ」「應じ返し」等の必要なことは、云ふを俟たぬ周知の事實であらう。竹刀に於いては、本圖のやうな場合は非常に多い。勝敗孰れに歸すべきかは、知、力、術の修練による。この構を俗に、五、五、十の形と云ふ。勢力伯仲にあるの形を稱したのである。（英譯第74頁參照）

二一、小太刀構への場合

本圖は所謂中條流機先の構として今に殘る、特種武器に對して本構へを用ふるのである。通常太刀を以て本構を爲す可き場合は、腰を落し對手二人以上に於て對手の手元に至りて變化さすべき術で、入身の一變化として形に殘る。（英譯第 74 頁參照）

二二、霞の構の場合

本構を稱して霞の構といふ。圖によつて了解るとほり、劍尖は對手の眼中にあつて、敵の進撃を阻止してゐる。止むを得ず體を他に轉ぜんとする刹那、左、右、横、下、孰れからでもよい。切つて入るのであつて、形ちで云ふ追打の前提となる、至極の妙術である。

この變化を、神道無念流は數種遺してをる、因に記す、本構は竹刀には全く應用されてゐない。（英譯第 74 頁參照）

二三、正胴を切りたる場合

劍道の根本は、對手の武器を制して、自己の身體を敵の刺撃の範圍外に置いて、自己の武器を活用させるといふ點にあるのである。乃ち對手が切り込んで來た瞬間、これを左右孰れかに披いて、對手の虛をつくといふことが、

一番肝心なのである。本圖示すところのものは、この意味の説明であつて、切り込んで來た對手の業を、右に披いて、その瞬間、當方の劍は、敵の胴に入つた所である。この圖で判るとほり、對手の切つてくる業をそのまゝ打ち返へして、當方の業の効果を奏すといふことは出來難いことであつて、對手の切りに對しては必ず當方は左右孰れかへ體を轉ぜしめねばならぬ。

胴を切る氣分は相打ちの心持を以てと云ひ傳へられてをるが、研究すべき問題であらう。（英譯第 75 頁參照）

二四、二派異色ある拔刀の場合

圖は後方から一刀一手、拔き打ち（長谷川英信流）に來るところを、體を右に披いて、之れを突く（神道無念流）ところを表らはしたのである。

兩技とも一刀一手であつて、後者の刄は下、前者の刄は上に相對比して、形ちは特徴のある對照を示してをる。

然も甲の業は切り下げにあり、乙の業は突きにあつて、二者孰れに勝敗は決

定すべきか、それは姑く措いて、かくの如きは啞吽の呼吸實に、間、髮を入れざるものであつて、ことに技は孰れも修練の効免許の域に達した者でなければ用ふることを許されない、難中の難、片手業なるに於いてをや。（英譯第75頁參照）

二五、後方より武器を摑まれた場合

前に陳べたやうに、これを外づすには、左、右と順次に對手の逆を行くか、同時にこれを拂ひ外すかの二樣あるが、この外すといふことは非常に困難な業で、澤山ある拔刀各流にも、その例はまことに尠ない。餘は推して知ることが出來やう。（英譯第76頁參照）

二六、圓極の構の場合

[illegible]木構は一見「天地の構」または「陰陽の構」に相類してをるが、實際は相違してをる。その

相違の點は小太刀の劍尖が稍〻上つてをることである。

二刀の場合小太刀の變化は最も重大事であつた、古人の傳へ遺した文にも、小太刀無限の術といふ項目があるが、それは位、變化の受用、無限の活動を教へてをる、その一齣に「二刀を以て、多數者を對手にするとき、小太刀を中段になし、右手大刀を右斜に構へ、小太刀と大刀との間に敵を入れ、大刀を以つて上に切り、下より切り反し、左に切り、右に反覆する、必ずその範圍（小太刀と大刀の間）外に敵を置くべからず。」と云うてをるが、以つてその全貌を窺ふに足ることが出來やう。

附記、刀術の二刀と、竹刀の二刀との差違は前節既にこれを詳説した。これは可成り重要な一項なので、御研究を切に望む。（英譯第76頁參照）

二七、左直の場合

二刀流の構のうち最も特異性のあるものであり、現今形として遺つてをるものゝ中で、また有名な構である。對手に對して距離の如何を知らさず、而も自己の體は斜になつてをるので、對手に對しては、孰へ變化するか窺知を許さしめない。そして、左右留、霞返し、切り反し等の術に自在に轉ずる點に於いては、術の精妙想像を許さぬ。竹刀二刀にこの術が研究されたら、と切に御奬めする次第である。（英譯第77頁參照）

二八、攻め十字の構の場合

普通、所謂十字の構は、本圖よりも、劍尖が稍下つてをる。本圖は攻めの場合であつて、神道夢想流に本構が遺つてをる。幾分劍尖が、手首より上つてをるのは、對手の眼中に十字を付けて、壓迫した形である。そして攻擊はこのまんま、ひた押しに押し進むのである。これは一般劍道の夢想だもしなかつた新術であつて、このまんを突き入る術もある。この術を破る手は下から割り上げるの一手を除いて外には無い。

（英譯第77頁參照）

二九、小太刀にて相手の刀を拂ひ面部を切る場合

兩刀に向ふ場合、其の太刀または小太刀を握つてをる手首を覗ふといふことも一方法であると、我々は教へられてをるが、竹刀の場合に試みられることを、往々見受けるが、一般には、この正攻法を體得してをる者が尠ない爲め、兎角放棄されて省みられない。然しこれは研究價値を多分に含んでをる業であるので、第一四（八十五頁）と殆んど同樣の業ではあるが、玆に挿入した圖は對手一刀を以つて、兩刀の小太刀の手首を切りに來るところを體を右斜後方に開きながら、小太刀を以つてこれを拂ひ、對手の面部を切ることを示したものであつて、小太刀の効用は、拂ふことゝ應ずることの二樣あることを併記しておく。（英譯第78頁參照）

三〇、小太刀にて相手の手元に入らんとする場合

本圖は大刀に對して、手元に入らんとする體勢である。

大日本帝國劍道形にこの形を遺されてをる。（小太刀入身に對する場合參

照）本構は第一七（八十八頁）と同樣である。（英譯第78頁參照）

三一、後方より組付かれたる場合

本圖に示すところのものは、後方から組付かれたる際の拔刀の方法であつて、刀柄を逆に握つて刀を拔くのは拔刀法の異例ではあるが、兩肘を張らずに、刀を拔く方法は、眞に如かせざるを得ないのは、その止むを得ざるに出でたものであるが、この法の研究は、各流之れを有しをりて、各々特技がある。因つて以つて附記して參考に資す。（英譯第78頁參照）

三二、右横構上段に對する中段の場合

右横構上段を俗に八相と云つてをる。而してこの術は神道無念流五伽の形のうちに遺されてをる。また神陰流にもある。

八相とは對手を薙ぎ倒すといふ意味であつて、その効用は三通りある。乃ち

一、敵の左肩
一、或は左腹
一、または兩
を切ることである。古代には鎧兜に身を固めて、太刀を上段に取ることは不可能であつたので、本構が用ひられたのである。（英譯第79頁參照）

三三、諸手突きの場合

突きに關しては、既に片手突きの項で、大略その説明を了つたが、本諸手突きに於いても、片手突きと同樣の注意を要する。

たゞ諸手突きの際は、右の手拳は、恰度乳と水平の高さに、左の手拳は水落（中墨または水月とも云ふ）と同じ位の高さにあげて、之れを延ばすのであつて、その延ばした際の力の入れ方は、陰の筋を引きしめて、陽の筋を延ばせと、古人は教へてをる。陰の筋とは小指と藥指とに力を入れてみると、よく判るが、關係腕の內方を透つて、胸隔に至る力の線である。陽の筋とは、拇指、人指指、中指から上膊部を透つて、三角筋に至る筋であつて、乃ちこの場合柄を摑つた運動は陰の筋の力が働き、グツト前へ刀を差し延ばした運動は陽の筋の力が働くのである。

因に誌す、武學拾集編に諸手突は連續的に突けなければ、眞の突きではないと言つてをる。（英譯第79頁參照）

三四、二刀太刀にて相手の面を切る場合

太刀を片手に持つて切るといふことは、今日拔刀術にその形が保存されてはをるが、これは行つて、最も難かしい術であらう。圖は小太刀を以つて、敵の太刀を、押へて付け入りながら、太刀を以て切るところを示したのである。この場合右の片手は鍔から五分位離して握るのが原則である。（餘談ではあるが、この場合竹刀は大抵柄頭を握る。この相違の、理由は何によるか、これを明らかにした文獻はないが、私しは劍道の研究價値がこういふ處に存在してゐると常に思うてゐる。）而してこの場合に於ける問題は、最初に言つてあるとほり、斫截の効果であつて、それは修業にまつことは當然であらう。近時片手打の方法が研究され、且又發達しつゝあるといふことは、斯道のために慶賀にたへない、私しは良い結果の表らはれんことを切に冀つてゐる。

（英譯第80頁參照）

三五、右横構へ下段の場合

本構の特長は、自己の長所と短所とを秘して對手に知らしめないところにあるのであるが、これは眞劍には之れを用ひられても、竹刀には殆んど用ひられない。

本構は上段と同樣、對手を壓迫する氣位が必要で、武器を秘して進むところは、一見捨身のやうで、不利に似てゐるが、必しも不利ではない。たゞし餘程の手練者でない限り、用ひて効果はない。今これを大日本帝國劍道形に遺してある。（英譯第80頁參照）

三六、小太刀手元に至りし異例

小太刀にて相手の手元に入りたる異色ある逆手にして、本形は居合に於いて詰居合編に殘す極めて妙ある術なれば、特に注

意せられたし。

左手を以て對手大刀の中柄を握ると同時に手元に引く時逆に爲る、勿論小太刀は充分前方にのばす、この後に於ける小太刀の變化は胸元を突くか亦は面上を切る。（英譯第81頁參照）

三七、逆二刀の場合

本圖示すところの逆二刀の構は未來知新流と稱されてをる。普通二刀の太刀は、大太刀右手、小太刀左手であるが、本圖はその反對。乃ち、大太刀左手、小太刀右手である、これは術者が、左利きゝであつた場合、術の變更を、その長とするところに從つて適用したものであらう。

因に記す、近來二刀の使用が、一部劍道家に擯斥されてをるが、その理由の如何に拘らず、術の傳統を破壊し去るといふことは好ましくないやうに我々は考へてをる。二刀の利、不利、價値、不價値は他日再び研究したいと思うてをるが、幸ひ、こゝに問題があるので、自己の所信を附記しておいた。（英譯第81頁參照）

三八、刀柄を握りたるを外しこれを切る場合

これは「出會」と稱するもので、双方共に正面に相對した時、刀の柄を相手に握られた際、これを外すに、種々の方法がある。本圖は夢想神傳流立居合編の詰抜刀の一つであつて、相手の手を、刀外に外す、といふよりは、寧ろ順手を以つて相手の手を逆にして、全然使用せしめないやうにする、と云つた方が適切であらう。方法は乃ち對手の手の甲の上から刀を握つて、反對に刀を廻はしてこの術に進めるのであつて、業は極めて地味である爲めに、大衆的には知られて居ないが、極めて有効な術である。

（英譯第82頁參照）

三九、二刀者の逆胴を切る場合

本圖は對手二刀者の逆胴を切る場合を示したのである。これは二刀の太刀捌きが、太刀を以つて切り下げれば、小太刀は必ず自己の頭上を防禦し、小太刀を以つて打ち下ろせば、太刀は必ず頭上を防ぐ、乃ち太刀と小太刀を交互に上下して、攻防二途に充てる原則の逆を窺つた術であつて、敵が攻撃を受けた刹

那一刀を以てこれを拂つた場合は、これを用ふる餘地はない。乃ち別途の方法が工夫されねばならぬ。（英譯第82頁參照）

四〇、兩刀中段に對して異色ある構へ

本場合兩刀共に相手の咽喉部に劍尖のある事に注意を要す勿論二刀なるが故に左右の開きに特に注意する事が必要である。二刀の構への一變化として研究を要する。（英譯第83頁參照）

四一、右横構へ上段の圖

本圖は神道無念流に殘す形にして相手の左側全部に渉りて攻撃する事が出來る特徴を有すると同時に間合を（兩者の間隔）はづす點に重點を置くものである。（英譯第83頁參照）

四二、小太刀相手の手元に至り逆を應用して制御する場合

本場合は大日本帝國劍道形に殘す、本場合に於て最も大切な

る事は術者の左足の踏み出しにある事に注意せられたし。他流の參考として、杖術に於ても本場合の足取りの重要さを示してゐる。（英譯第83頁參照）

四三、二刀上段に對して異色ある構

本圖の如き構は明治中年頃よく亂合ひ中に見受けられたるもので、近時兩刀使用者に殆ど見受ける事が出來なくなつた。この變化は形に殘るが左右に體の開く場合と後退（俗に誘ひ）の場合の三樣を殘す。

（英譯第84頁參照）

四四、太刀にて受け小太刀にて切る場合の例

本場合は片手にて諸手面を切り來るを受ける爲め無理ある

術であるが、術者の體の前途と下より上に押し上げる心持ちと稍や相手方の切り下すを左側に外す事に注意せねばならぬ。（英譯第84頁參照）

四五、小太刀を持つて相手の手元に至りたる場合の一變化

摺り込んで手元に至るか、拂ひ乍ら手元に至るか、外して手元に至るか、兎に角手元に至りし場合本圖の如き形を今日に殘す研究すべきである。（英譯第　頁參照）

四六、霞の變化

神道無念流拔刀編にこれを殘す。

相手の上段を下より切り上ぐる場合、亦上段に對し斯の如き體勢を採りて間合に至る場合との二樣を殘す。（英譯第84頁參照）

四七、兩刀
正式の構

小太刀は相手の機先を制する最も有効なるものとして用ひられる事が眼目である。小太刀は受け、流し、制し、外し等に用ひらる亦術により逆に切り突く攻めに用ひらる。

（英譯第頁85參照）

四八、中段異色の場合

劍法は右手前の場合は必ず右足前である。此れは甚だしく簡單の様に聞こえるが、複雑せる形になると右右左左と相一致せぬもので研究されたる方は御解りの事と思ふ。然れども亦本圖の如き

場合も形の中に採り入れてある事も注意せねばならぬ。（英譯第85頁參照）

四九、膝をつけて胴を切つた場合

本圖示すところのものは片膝をついて、對手の胴を切るところである。本術については種々の異論がある。然し、一時は盛んに用ひられたことがあつた。異色のものとして掲げた。（英譯第85頁參照）

五〇、對手の予想せざる處を攻撃する場合

上段に向つた場合には、左右から切り上げよ、また刀の生命は切つて、而して切り反へせ、切つただけでは太刀の用法ではない。必ず切り反へすものだ、とは筆者壯年の頃屢ゝ師匠から教へられたところである。

本術はこの用法の一例を示したので、すべて御互に相對して技を争ふ場合の心理といふものは、御互に術の裏を考へてをるものである。乃ち面を

打つて來た瞬間には胴片手横面を對手が窺へば、當方は面または逆胴といふやうに考へてをるのが普通であるが、そのまた裏を考へる――といふことは中々六ケ敷いことであるが――考へなければ勝は得られない。本圖示すところのものは、乃ちこの裏の裏を先に述べた刀の用法で、行ふ術であつて、對手方の全く夢想だもしなかつた處を打つ一例である。古人が術の本義精妙の跡以て味ふべくまた考ふべきではなからうか。（英譯第85頁參照）

五一、相中段より甲手、(腕)又は首、面部、腰等を切る場合

本術は相中段から敵が轉じて、胸元を切つてくるか、甲手（腕）を攻めてくるか、乃至は面（頭首）を切つてくるかに隨つて、當方は體を左（右に旋はすこともあるが、それはまづ例外であるので）に轉じて、足は右足を引くか、或はそのまゝにして、逆に、對手の面、腕、腰等を切るのである。これは多少の變化はあるが、各流に共に存してをる最も普汎的な業である。

（英譯第85頁參照）

五二、水形と稱する場合

圖　本圖示すところのものを水形と稱してをるが、元來これは構へではなく、構へに移らんとする狀態である。一見

「一葉浮水」の構へに似てをるが、實は異つてをるので注意を要するところだ。右前足を一歩踏み出してをることは言ふまでもなく定法であつて、前述逆二刀の場合にも、足はやはりこれと同様の形式をとるのが普通である。（英譯第86頁參照）

五三、小太刀を持つ場合

本圖示すところのもの一名之れを無構の構といふ。劍道の大極を表示したものである。體勢は毫も攻防の有様を示してをらないが劍の極則、無の極致、本然の姿をそのまゝ露程して、時處を問はず、有無を論ぜず、應手萬變、不側の神機を藏して、泰然自若たるところ至道難なし、只だ揀擇を嫌ふ。といふべきであらう。（英譯第87頁參照）

五四、上段異例の場合

一名燕向の構へとも云ふ。變化の輕捷俊敏を指して云つたのである。中段より右に、又は左に變じて、木構となる場合もある。山口一刀流に之れを存し、神道無念流立術の刀術編にもまたある。（英譯第87頁參照）

五五、刀にて受けたる場合

本來受けは、木刀で形の練習をする場合に多く用ひられる業である。眞劍としては、長谷川英信流詰居合編に、頭上十字に受ける場合、左右兩樣、刀を垂直にして、左手を刀にあてゝ、これを受ける場合と、本圖の如く、足部を切りに來たのを受ける場合と三樣遺されてあるが、その方式は、刀の平でこれを受け、力の度合は、對手の力を撥ね反へす程度を作としてをる。勿論この術は對手の刀をこのまゝ捲き込んで切るか、左手對手の刀柄を握つて、これを引き寄せながら、自己の刀を水平にして、胸元を突くか、またはこのまゝ直に面上を切るか、種種の術技を存してをる、要之受けの氣持は、對手の太刀を拂ふことを考へることを以て至當とする。（英譯第87頁參照）

五六、上段に對する中段の劍尖の(附くべき)位置を示した場合

上段の構へは攻めに五様の限度がある。從つて、刀術に於いては無暗に用ふることは禁じられてをる。

然し竹刀にあつては、片手が利く關係上上段の構は屢〻用ひられる。

眞劍にあつては本圖に示すとほり、眞向上段——俗に諸手上段と云ふ——に構へて踏み込むのであつて、片手の業は利かない。

この構に對する、中段の劍尖は、敵の左手の掌から頭上を壓迫する氣位を以つて、附けるのが本則とされてをる。本圖示すところの中段の姿勢及び、刀尖の位置について熟覽して、その旨を悟られたい。またこれが竹刀の場合は左上段の時は左手の掌、右上段の場合には右手掌につけて、共に、自己の竹刀下にあつて、相手を壓倒するの氣合が必要だ。

異例として、左橫構下段で對抗することもある。また劍尖の位置に對する異論もあるが、それは術者の個性による意見の相違であつて、古來の通則とは異なる。（英譯第88頁參照）

五七、小太刀を以つて相手の大刀を摺り落せし瞬間の場合

對手の武器を自己の體以外にそらすことは小太刀として最も大切な使命である。本圖示すところ、完全に對手の武器を排擠して、更にこの術に進まんとするの刹那であつて、この際一番緊要事は體全體の充實である。

（英譯第 89 頁參照）

五八、片手突の場合

突は突き貫くの意味である。故にこの目的を達する爲めには、腰と左の手首とに、特に深甚の注意を要する。自信を以つて相手を一突に殪すといふことは、理想としては申し分はないのであるが、その性質から判斷して甚だ困難だと、私しは信じてゐる。技に充分の訓練と自信がなければ六ケ敷い。殊に片手突に於いては（前に已に云つてあるが）危險が伴ふ。

故に技の確實を期する爲めには諸手突を必要とする。然し竹刀の場合は片手突が盛んに用ひられるが、それは器を異にすれば道は自ら異るのであつて、蓋しやむを得ざるに出づるのであらう。古人は敵の咽喉部を目標とせず、胸元を目標とせよ、と教へてをるが、蓋し學劍者に對する唯一鍼言であらう。

（英譯第 89 頁參照）

五九、中段に對する下段の構の場合

本圖は中段に對する、下段の構を示したのである。外見下段の構は、攻勢といふよりも、守勢に幾《ちか》い。が、實情は必ずしも左様ではない。其の氣構に於いて、先を取つて對抗するところ、寧ろ上段と殆んど變りはない。と云つてよからう。下段の意味は、自己の足を擁護しつゝ、對手の出足を止めるにある。これ俗に云ふ疊かけて攻めると云つてをる。また下段の構には、敵は攻め入れないものである。故に上段に對しても、この構は屢ゝ用ひられた。また形に於いても各流にこれを遺してをる。いかに重用されたかは、推して知ることが出來やう。（英譯第 90 頁參照）

六〇、諸手（兩手）横面の場合

諸手横面は、片手横面と同一に解釋しては不可い。（片手横面の場合參照）本術は相手の間（間の項參照）の内に這入つての仕事であるから、多分に困難と

無理の伴ふ業である。最初對手の武器を考へて、その中心點を外して攻め込むのであるが、この緩急は餘程注意を要する處で、即ち飛びこむ刹那、對手の體の動き——前後の進退左右の開きの長短遲速——が判らぬと、逆に裏を突かれて敗れをとるので、充分敵を知るといふことが最も肝心である。また自己の劍或は竹刀は、間のうちにあつて、圓を畫くか、半圓を畫くか、對手の武器に伴うて打てるか、打てぬか、といふことも研究の對象である。本術は神道無念流立居合に傳はつてをる。同じく拔刀篇には、諸手横面は對手を矢筈に切ることとなりと、書いてある。

（英譯第 90 頁參照）

六一、十字にて對手の切り來るを受けたる場合

本圖示すところのものは、二刀十字の受けといつて、宮本武藏の創始にかゝるものであつて、二刀を最も合法的に活用した點に於いて、有名である。

特異とする點は、小太刀よりも太刀をこの反しの術とした點にあるが、受けの妙味、刀に對しては勿論であるが、殊に槍に對しては深い研究が積まれてをる。明治の中葉頃までは、屢々本術が槍に對して行はれたことを筆者は目撃したが、今はこれを用ふる者が亡い。

またこの術は、十字のまゝ對手の胸元、或は足部等に突き入る術も存してをる。研究に價する點であらうと、私はひそかに信じてをる。この術に對して、これを破る業は、神道武想流の杖術に遺されてをる。

（英譯第 91 頁參照）

六二、摺り落しの場合

元來小太刀の精神は「無刀の心構」であつた。從つて、その技巧も眞に止むを得ざる場合に用ひるものであつて、受け流し、體の開き、摺り落しの三様を縦横に使ふことを以つて生命とする。

（英譯第 91 頁參照）

六三、小太刀下段の入身の構の場合

本圖示すところのものは大日本帝國劍道形、小太刀下段入身の構で、小太刀の文獻は眞に尠少であつて、今日古の道を知る

といふことは非常に困難である。實際の研究としては陸軍戸山學校、海軍兵學校等で、短劍を佩く關係上、近頃は盛んに行はれてをるが、刮目に値ひする技術の出現を私しは期してまつ。（英譯第91頁參照）

六四、相中段より左側に變化して對手の面を切る場合

形に於て相手方の諸手突きを左に開きて切り下すのであるが、居合編にありては手元にて對手の肩より切り下す術と爲つてゐる。（英譯第92頁參照）

六五、右横構へ下段に對する中段の場合

幾多の形に本術を殘す、本場合には刀の運用は返し乍ら下より上に切り上ぐるを生命としてある。（英譯第92頁參照）

六六、拔刀術に於ける異色ある例

本圖は術の最終を示したるものである。大森流、長谷川流詰居合の諸流中、特に目立つ可き術である。例として引用に止めて置く。（英譯第 92 頁參照）

六七、逆胴を切る場合

長谷川英信流居合詰拔刀篇の第七番目に本術の特色は遺されてある。

近頃は竹刀の亂合隆盛期であつて、本術の應用もなかなか盛んではあるが、正式の形は滅多に見られない。仍つて本圖をここに掲げた次第である。

本術を行ふ場合、その精神は相打の氣分で進め、と古人は教へてをる。

元來胴業には、正、逆、前の三樣あつて、大日本帝國劍道形には正の業がある。正胴を切る業は、以前は盛んに流行してをつたが、近年は殆んど廢れて、用ふる者がない。（英譯第 93 頁參照）

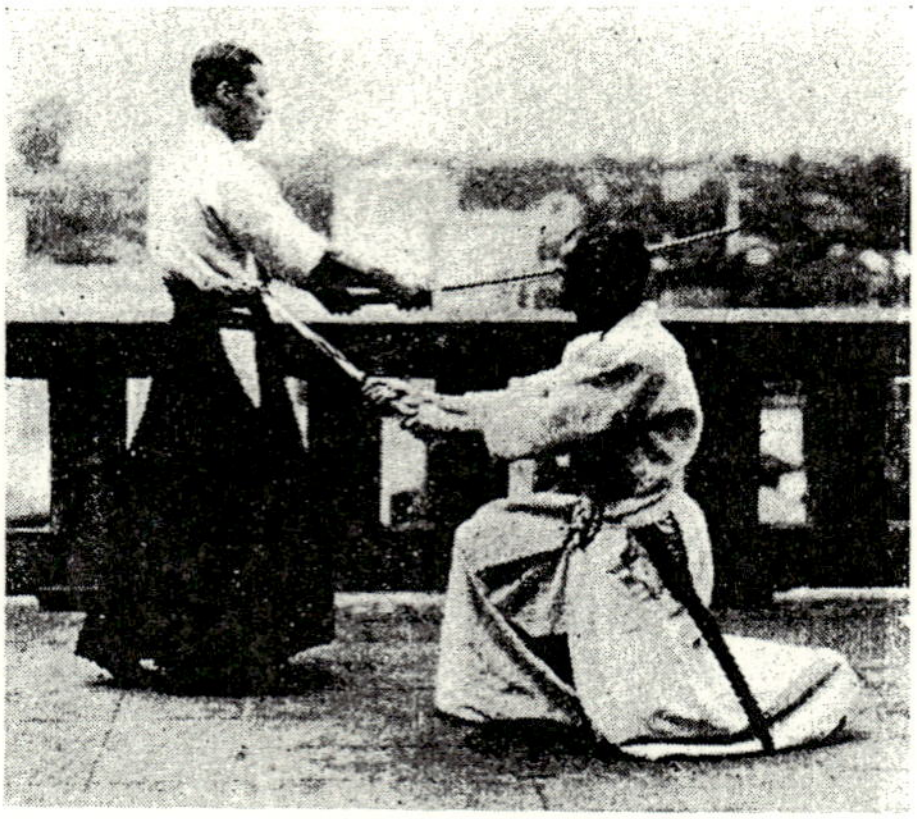

六八、中段の場合

中段、(別に正眼、青眼、清眼、精眼、星眼、勢眼、といふ名前がある。)は攻防孰れにも、自由自在であつて、應用無礙の構である。(英譯第 93 頁參照)

六九、二刀例外の場合

前述二刀上下の原則の例外の場合には、逆胴を切つても外されて逆に先方の太刀は當方の頭上を臨んで最向に切り下げてくる。(英譯第 93 頁參照)

一、參考（本場合は上述以外のものである。）

七〇、後者を突く場合

本圖は前に進んで、ふりかへりさまに後者を突く場合を示したのであるが、既に後者を斬る場合に説明をしたところの氣持ちであるから一應參照されたい。刀を拔いて前を切り、或は後ろを突く場合に、鯉口を切る刹那、左手には餘り力を入れないで、刀の向く方向に從つて、輕く鯉口を握るといふことは中々大切なことである。

（英譯第 93 頁參照）

七一、對手が切らんと欲する所と、同じ對手の場所を切る場合

普通遣されてをるところの形のうちで、對手が當方の腕を切つて來た際には、體を左に開いてこれを外して、反對に對手の籠手を切るといふ形式のものが、大日本帝國劍道形のうちにもある。

また竹刀亂討の際、胴に對しては胴、突きに對しては突きといふやうに、對手の業の裏を反へすこともある。そしてこれはなかなか味のある業であるが、こういふ際に於ける、當方の刀の運用は三通りあり。乃ち、自己の體を左に開く際。

一、刀尖を下にするか、

一、左斜に上げるか、

一、水平に外すか、

である、而して、その孰れの業も機に臨んで變ずるものであるから、豫めこれを擇ぶことは容るされない。

（英譯第 94 頁參照）

七二、小太刀入身の逆を用ひた場合

本圖示すところ小太刀入身の逆を用ひた場合であつて、前述小太刀の效用の項を參照して、その意味を知られたい。（英譯第 94 頁參照）

七三、小太刀にて相手の切り來るを支へ外した場合

圖は對手方正胴を切り來るを、小太刀を以つて、これを支へ外したところを示したのである。これは古流の形ちを示したのであつて、小太刀の使用法がともすれば誤解され易いので、本圖によつて、その行き方、手元等を注意して悟られたい。而してその使用に當つての、體の運用は輕快俊速を要すること論ずるまでもなからうと思ふ。

（英譯第 95 頁參照）

七四、小太刀術の一例

極く對手に近く接近した場合、左手の逆を應用して對手の虚を看る方法である。この術として、對手の顏面を突

き上げる。本術は實際に行つて非常に有利である。猶諸賢の研究を俟つ。（英譯第 95 頁參照）

七五、左横下段の場合

前述（**三五**）參照。

氣構は上段と同樣のこと念の爲め申し添へて置く。（英譯第 95 頁參照）

七六、對手正胴を切り來るを小太刀にて支へ外し太刀にて面部を切る場合

説明は之を省く、前揭二刀の場合を參照されたい。只注意したいことは小太刀で敵の太刀を支へ外す際、手によつて之を行ふことである。（英譯第 96 頁參照）

西洋劍技和譯

る姿勢。（第四圖）

（二）「セコンダ」の防禦。左胴及び左小手の裏側への直接的切込みに對して防ぐ。（第五圖）

（三）「テルツァ」の防禦。右頰及び左小手への直接的突きに對して防ぐ。（第六圖）

（四）「クワルタ」の防禦。敵の突き以外に左頰、胸及び小手への直接的切り込みに對して防ぐ。

（第七圖）

（五）「クィンタ」の防禦。面への直接的切り込みに對して防ぐ。（第八圖）

（六）「セスタ」の防禦。これも亦面を防ぐ。（第九圖）

（七）「テルツァ・バッサ」の防禦。右小手及び右下腹の外側を防ぐ。（第十圖）

（八）「クワルタ・バッサ」の防禦。突き以外に小手及び下腹への直接的切り込を防ぐ（第十一圖）

行動は、單純構へ、若くは安定構、或は前進構を以てする一、二の僞裝行動によつて行はれるか、その何れかである。僞裝行動は敵をしてすきを防せがしむる目的の下に打込むものである。

今茲にシャボラの柄、フィーリ、打ち合ひ、スフォルツォ、拂ひ落し、その他總て敵の切り込みに對して行はれる行動に就ては、これを省略する。尙「ウシーテ・イン・テンポ」とか「コントロテンポ」の行動とか、又ある目標に對する行動を行はんとする場合及び方法に就ての第二義的目標（セコンダ・インテンチオーネ）の行動等に就ても省略する。その他多くの事に就て語る必要もあるが、唯茲では日本の劍士諸君にシャボラの伊太利亞フェンシングに關する一般概念の幾分かを知らしむるに足る二、三の點を述べるに止める。

伊太利亞大使　アウリーチ

伊太利亞シャボラ・フェンシングの原則

シャボラの刀身は長さ八十八センチで、巾は通常十二ミリである。切先又は兩面による打ち及び突きを以てする。

行動は、通常、攻防の構へを伴ふものである。その構へとは、劍士が敵の攻防兩勢に備へる爲と敵が未だシャボラを水平線狀態を變ぜずして敵の攻撃行動に出るを牽制する爲に體軀とシャボラとに依つてなさんとする姿勢である。

狙ひ箇《ど》所《ころ》は、股を一線に劃する上半身である。

攻勢は、安定の構へ、又は單純なる前進構へを以てしては接觸し得ざる距離に敵がある場合には數歩前進して行はれる。(第三圖―「ア・フォンド」の構へ)

攻撃の重要箇所は、次の通りである。(第一圖「テルツァ」の構へ 第二問「セコンダ」の構へ)

(一)面打ち。(二)外貌(敵の右頰)打ち。(三)内貌(左頰)打ち。(四)胸打ち。(五)下腹打ち、(六)胴打ち。(七)突き。(八)右小手(右腕を意味する。何となれば左腕は目標外にあるを以て)

防勢は、敵を防ぎながら、その打込み及び突きに備へる武器の構へである。又後退しつゝ或は敵の狙ひの裏をかいて打込み、突きを避けて防拂を行ひ得る。

主要にして簡單な防禦は次の通りである。

(一)「プリーマ」の防禦。敵の突き以外に左側への切り込み及び小手への切込みに對して防禦す

伊太利シヤボラ・フェンシング原則和譯

Principi essenziali dalla scherma di sciabla italiana

Principi essenziali della scherma di sciabola italiana

La lama della sciabola è lunga 88 centimetri e larga di solito 12 milimetri. Sono validi i colpi sia con la punta sia con entrambi i tagli.

Le azioni si eseguiscono di solito dalla guardia. La guardia è la posizione che lo schermitore prende con il corpo e con la sciabola, per essere pronto così alla offesa come alla difesa ed impedire all' avversario di eseguire un'azione di attacco se prima non abbia tolto il ferro dalla linea. (fig. 1 Guardia di Terza) (fig. 2 Guardia di Seconda)

Fig. 1

Il bersaglio valido è tutto il corpo al disopra di un piano orizzontale passante per l'inforcatura.

Fig. 2

L'attacco si eseguisce o da fermo o facendolo precedere da uno o più passi avanti se l'avversario è a tale distanza che con il semplice a fondo non può esser toccato. (fig 3 a fondo)

Fig. 3.

Le principali azioni di attacco sono:

1°) Sciabolata alla testa; 2°) Sciabolata alla figura esterna (guancia destra dell'avversario) 3°) Sciabolata alla figura interna (guancia sinistra); 4°) Sciabolata al petto; 5°) Sciabolata all'addome; 6°) Sciabolata al fianco; 7°) Colpo di punta; 8°) Sciabolata al braccio (s'intende il braccio destro perchè il sinistro è tenuto fuori bersaglio.)

Parata è la posizione dell'arma con cui si contrappone questa al colpo

Fig. 4

Fig. 5.

avversario difendendosene. Si può anche parare con l'evitare il colpo retrocedendo o ritraendo il bersaglio minacciato.

Le principali parate, dette semplici, sono:

1°) Parata di prima: difende, oltre che dalla puntata, dai colpi vibrati al lato interno e dal colpo al braccio. (fig. 4)

2°) Parata di seconda: difende, oltre che dalla puntata, dai colpi diretti al fianco ed al braccio nella parte di sotto. (fig. 5)

3°) Parata di terza: difende, oltre che dalla puntata, dai colpi diretti alla figura esterna e al braccio. (fig. 6)

Fig. 6.

Fig. 7

4°) Parata di quarta: difende, oltre che dalla puntata, dai colpi diretti alla figura interna al petto e al braccio. (fig. 7)

5°) Parata di quinta: difende dai colpi diretti alla testa. (fig. 8)

Fig. 8.

6°) Parata di sesta difende anch'essa la testa. (fig. 9)

Fig. 9.

7°) Parata di terza bassa: difende il braccio e il lato esterno sulla linea bassa. (fig. 10)

Fig. 10.

8°) Parata di quarta bassa: difende, oltre che dalla puntata, dai colpi diretti al braccio ed all'addome. (fig. 11)

Fig. 11.

L'azione può essere semplice o preceduta da una o due finte eseguite sia da fermo sia con il passo. La finta è il colpo accennato allo scopo di indurre l'avversario alla difesa alfine di colpirlo dove è rimasto scoperto.

Si tralascia qui di parlare delle prese di ferro, dei fili delle battute dello sforzo e del disarmo tutte azioni che si eseguiscono sulla sciabola

dell'avvessario. Si tralascia altresì di parlare delle uscite in tempo, delle azioni di controttempo e di quelle di seconda intenzione, concernenti tutte il momento e il modo di esecuzione di una data azione. Anche di molti altri si dovrebbe parlare, ma qui si vogliono dare solo quei pochissimi brevi dati che possono servire a offrire qualche idea generale della scherma italiana di sciabola agli schermitori giapponesi.

OLD SWORD PLAY

PREFACE

The ensuing lessons on " Old Sword-Play " have been compiled from the works of various authors of the sixteenth, seventeeth, and eighteenth centuries ; and it has been my intention so to arrange them as to make the antique methods accessible to the student without the labour of searching the pages of books in various languages, many of which are very difficult to procure, and much more so to understand. There are those who affect to ridicule the study of obsolete weapons, alleging that it is of no practical use ; everything, however, is useful to the Art of Fence which tends to create an interest in it, and certain it is that such contests as " Rapier and Dagger ", " Two-hand Sword " or " Broad-sword and Handbuckler ", are very great embellishment to the somewhat monotonous proceedings of the ordinary " assault of arms."

The " Combinations " will be found extremely useful as forms of " set play " for combats on the dramatic stage.

I presuppose that, before turning his attention to the swordsmanship of bygone centuries, our student will have made himself reasonably proficient in the use of the modern arms — the foil and the sabre—under the tuition of some competent master.

Alfred Hutton .

CHAPTER I.

Introduction

The Art of Fencing, in Europe, has seen four distinct periods, during which it has been influenced partly by the forms of the weapons, and partly, for the arms themselves were so influenced, by the changing fashions in dress. We find first the Shakespearian or Tudor era—that of the sixteenth century—when owing to the prevailing style of costume, and to the fact that the swords were long and unwieldy, they were almost always accompanied by an arm either purely defensive, like the buckler or the cloak, or by one, such as the dagger, of a character at once defensive and offensive; these auxiliary arms were carried in the left hand, and their movements were extremely simple.

The second period, and perhaps the most interesting of them all, that of the Stuarts, was a period of transition; the dagger had passed out of fashion as an article of dress, and in Western Europe the long, handsome rapier had by degrees given place to the short walking sword, which, however, did not assume a settled form until the century following; but the Italians, who were the original teachers of our art, adhered to the earlier form. This change of pattern in the sword necessitated a change in the method of using it, and hence arose the two great and only "schools" of fence, the Italian and the French.

From this point we deal with the French system alone, and we find that as the short, light swords improved in their form, the art of wielding them advanced in precision and grace, which latter quality may be said to have attained its perfection about the middle of the eighteenth century, at the time, in fact, when the first of the Angelos brought out his famous folio. In the works of this period there is a very noticeable feature in the numerous tricks which the masters taught their pupils for depriving an enemy of his sword. In this our modern time disarming is not usually allowed, and it is always considered very rough play; but in the days of which we speak the sword was an integral part of every

gentleman's dress, and a facility in disarming no doubt saved many a life in the sudden quarrels in street or tavern which ware then matters of every-day occurrence.

About the middle of the last century wire fencing masks were, introduced, but there was a feeling against them on the part of the masters, and it was some considerable time before they came into general use; previous to their adoption a fencing bout bore a somewhat stately and academic aspect—the movements were slow, and it was a matter of etiquette not to *riposte* until after the adversary had recovered from his lunge, for fear of injuring his face. All this, however, was altered about the beginning of this century, when the attitude of the masters towards the mask was changed by a serious accident which happened to one of them, and under the auspices of such men as Jean Louis, Gomard, Cordelois, and others, not to mention many famous teachers of the present day, the art of point fencing has attained its climax.

CHAPTER II.

The Two-Hand Sword

This weapon, sometimes known as the old English "long sword", as a fighting arm stands by itself; it was the favourite weapon of our King Henry VIII. in his athletic days, and he proposed its use in the tournaments at the "Field of the Cloth of Gold", but Francis I. objected to it on the ground that there were no gauntlets then made sufficiently strong to guarantee the hands against its powerful strokes.

The following lessons have been compiled from the works of Marozzo (1536), Di Grassi (1570), Joachim Meyer (1570), Jacob Sutor (1612), and Alfieri (1653). The method of handling the weapon is very similar to the exerises of the "Great Stick", introduced in 1889 in "Gold Steel", and adapted from Italian sources; in fact, these latter are a distinct survival of the two-hand sword-play of the sixteenth century. The best manner of carrying the two-hander is taken from Alfieri (Plate 1). It

is borne point upwards in the left hand, which grasps the grip about the centre, with the flat of the blade resting against the shoulder; it must be remembered that this sword is double edged.

To Salute

1. Pass the right hand across the body and seize the grip close to the quillons.

2. Bring the sword perpendiculary in front of the body with the quillons in line with the mouth.

3. Carry the sword over to the right side, and lower the point to the front about four inches from the ground, and draw back the right foot about six inches.

4. Raise the sword to a perpendicular position at the right side.

5. Carry the sword over to the lefte side, and resume the marching position.

Guards

The favourite engaging guard of Marozzo was his *guardia di testa*, as seen in the illustration (Plate 2). Alfieri also makes use of one very similar. The guards in *quarte—porta di ferro alta*—(Plate 3), and *tierce—coda lunga e stretta*—(Plate 4), may also be used.

The Cuts

There are six principal cuts: two oblique downwords at the sides of the head or the shoulders, two oblique upwards, and two horizontal cuts, made usually at the flank. Those delivered at the left side of the enemy were called *mandritti*, and those at his right side *riversi*; the former were given with the right foot, and the latter with the left foot in advance.

The Moulinets

The six moulinets are absolutely necessary for the acquirement of dexterity in wielding the two-hander; and in practising them great care must be taken to keep the well advanced, in oder to avoid the accident of entangling the arms with the long quillons of the sword. They are as follows : —

Moulinet 1.

Motion 1. — Extend the arms with the sword pointing to the front a little above the diagonal line 1 on the target, the right hand holding it close to the quillons and the left hand close to the pummel.

Motion 2.—Bring the sword down, true edge leading, with a circular sweep from right to left along the line, causing it to pass close to the left side, and completing the circle bring it again to the front.

Moulinet 2.

Motion 1. — Extend the arms as before, the point of the sword being just above diagonal line 2.

Motion 2. — Describe a similar circle, the point traversing the diagonal line from left to right, and passing close to the right side.

Moulinet 3.

Motion 1.—Extend the arms and sword with the point directed just below line 3.

Motion 2. — Make the cut diagonally upwards, and, after the sword has passed through the target, complete the circle close to the right side.

Moulinet 4.

This must be performed as the last, save that the sword describes its circle close to the left side and passes diagonally upwards from left .to right.

Moulinet 5.

Motion 1. — Extend the arms and sword with the point just outside line 5.

Motion 2. — Describe the circle horizontally, the sword traversing the line from right to left, and in the rearward half of the circle just clearing the top of the head.

Moulinet 6.

This must be executed similarly to the last, the sword describing the circle from left to right.

N. B. — The rotatory movement of the sword is much assisted by a pulling motion with one hand and a pushing one with the other.

THE PARRIES

For practical purposes it is better to substitute modern names for the obsolete and inconvenient terms used by the old writers, as —

Quarte	for	" Porta di ferro alta."	(Plate 3.)
Tierce	,,	" Coda lunga e stretta."	(Plate 4.)
Septime	,,	" Porta di ferro larga."	(Plate 5.)
Seconde	,,	" Becha cesa."	(Plate 6.)
Prime	,,	" Becha possa."	(Plate 7.)
High Octave	,,	" Intrare in largo passo."	(Plate 8.)

In the two latter the hands should be raised higher and the point dropped lower than in the woodcuts in Marozzo's work.

On the Left Side

Quarte—parries cut 1 at the left cheek or shoulder.

Low Quarte—parries cut 5 at the left side.

High Quarte—parries a " stramazzone " or vertical cut at the left part of the head.

Septime—parries a cut at the legs on the left side.

On the Right Lide

Tierce—parries cut 2 at the right cheek, etc.

Low Tierce—parries cut 6 at the right side.

High Tierce—parries the "stramazzone" at the right part of the head.

Seconde—parries a cut at the legs on the right side.

Prime and *High Octave* are auxiliary parries for *ripostes* given over the sword, at the left and right sides of the head respectively.

Combinations

As soon as a knowledge of the parries and facility in performing the moulinets has been acquired, the following combinations should be carefully practised; they will be found useful as a form of "set play" in stage combats or assaults of arms, and, indeed, the weapons are so dangerously heavy that on such occasions "set" is more to be recommended than "loose" play.

Combination 1.

M. commences, advancing pass by pass, and making the six cuts at P., who retires pass by pass, and forming the six parries.

Combination 2.

M.	P.
Cut 1.	Parry Quarte, cut 2 over.
High Octave.	

Reverse the practice.

Combination 3.

Cut 2.	Tierce, cut 1 over.
Prime.	

Reverse the practice.

Combination 4.

M.	P.
Cut 1.	Quarte, cut 2 over.
High Octave, cut 6.	Low Tierce, cut 1 over.
Prime.	

Reverse the practice.

Combination 5.

Cut 1.	Quarte, cut 4 under.
High Octave, cut 2.	Tierce, cut 5.
Low Quarte.	

Reverse the practice.

Combination 6.

Cut 2.	Tierce, cut 1 over.
Prime, cut 5.	Low Quarte, cut 2 over.
High Octave.	

Reverse the practice.

Combination 7.

Cut 3.	Septime, cut 1.
Quarte, cut 6.	Low Tierce, cut 1 over
Prime.	

Reverse the practice.

Combination 8.

Cut 4.	Seconde, cut 2.
Tierce, cut 5 under.	Low Quarte, cut 2 over.
High Octave.	

Reverse the practice.

Plate 1.

Two-Hand Swordmam Marching.
After Alfieri. 1653.

Plate 2.

The Engaging Guard.
After Marozzo.

Plate 3.

"Porta di Ferro Alta" (Quarte).
After Marozzo.

Plate 4.

"Coda Lunga e Stretta" (Tierce).
After Marozzo.

Plate 5.

" Porta di Perro Larga " (Septime).
After Marozzo.

Plate 6.

" Becha Cesa " (Seconde).
After Marozzo.

Plate 7.

" Becha Possa " (Prime).
After Marozzo.

Plate 8.

" Intrare in Largo Passo " (High Octave). *After Marozzo.*

CHAPTER III.

Rapier and Dagger

The Fence of the Rapier and Dagger takes, with regard to other arms of the period, a place similar to that occupied at the present time by that of the foil, being the most complete development of the various systems in which an auxiliary weapon was carried in the left hand; and undoubtedly a man fairly well skilled in it can master, with but little difficulty, the somewhat earlier exercises of "Sword and Buckler," "Sword (or dagger) and Cloak," and even more puzzling "Case of Rapiers," in which a pair of swords, much of the type of those used in buckler-paly, were carried, one in each hand.

The rapier, a long double-edged weapon, with ample "quillons" and "counterguards," which latter afterwards assumed the form of a cup, was held in the right hand with the fore-finger crossed over the "quillon." In early times the edges were undoubtedly used, but they were by degrees abandoned in favour of the swifter and more deadly point. In our revival of this practice, therefore, we shall adhere to pure point-play, and we shall reserve that of the edge for the sword and buckler, in which it plays the most important part.

The dagger was held in the left hand, point upwards, with the thumb extended and resting in the spoon-shaped cavity in the forte of the blade. The dagger was used for parrying the thrusts of the sword, and was but sparingly employed in attack.

The Guards

The guards were four in number; they were simply positions of the sword from which attacks were made, and they were formed with either the right or the left foot advanced.

Prime—is the first position which the hand naturally assumes immediately after drawing the sword, the hilt being held above the head,

the edge upwards, and the point toward the enemy (Plate 9).

Seconde—the hand is in pronation at the level of the shoulder, the arm being a good deal extended and the point level (Plate 9).

Tierce—the hand is about as high as the waist, in pronation, with the point in line with the opponent's face, and the edge directed obliquely downwards towards the right (Plate 10).

Quarte—the hand is at the height of the waist, in supination, the point in line with the opponent's face (Plate 10).

Alfieri introduced a medium guard, *Guardia Mista*, which assumed a middle position between Tierce and Quarte (Plate 11).

Plate 9.

Guard of Prime. *After Alfieri.*

Guard of Seconde. The lines A and B denote a low guard similar to the Modern Seconde.

Plate 10.

Guard of Quarte. Guard of Tierce. *After Alfieri.*

The lines A and B denote High Quarte and High Tierce: C and D denote low guards, similar to the Modern Septime and Seconde.

Plate 11.

"Guardia Mista" (Medium Guard). *After Alfieri.*

The lines A, D and B, C denote high and low varieties of this guard.

The Thrusts

The thrusts were—

Imbroccata—given from the Prime position above the enemy's dagger.

Stoccata—under the dagger.

Punta riversa—an exaggerated form of Quarte thrust, given either outside the enemy's sword or between his weapons.

These attacks were delivered either without moving the feet at all, or with the pass, or else with the "botta lunga" or lunge, as occasion might require.

Feints

The feints were very few in number, because with the dagger only the simplest form of parry could be used; they were "under and over" (Plate 16), and "over and disengage" (Plate 12), striking in the middle, between the weapons.

The Parries

The parries with the dagger were *Tierce* (Plate 16) for the high outside, *Seconde* for the low outside, *High Quarte* for the high inside, and *Low Quarte* (Plate 14) for the low inside.

The dagger is also used for "commanding" the enemy's sword in any of the four positions.

In a "corps à corps" it is sometimes useful to suddenly drop the rapier, and with the right hand to seize the left hand of the opponent, striking him instantly with the dagger.

Combinations

Combination 1.

M.	P.
Thrust over the dagger.	Parry Tierce, thrust under.
Seconde.	

Combination 2.

Thrust between the weapons.	Low Quarte, thrust in Prime over.
Tierce.	

Combination 3.

Thrust under.	Parry Seconde, thrust under.
Seconde.	Pass, and give the dagger.

Combination 4.

Thrust high between the weapons.	Parry High Quarte, thrust low.
Seconde.	Pass, and give the dagger.

Plate 12.

Over and Disengage.
After Alfieri.

The line A shows the feint, and the line B gives an alternate thrust at the breast.

Plate 13.

Commanding the Blade with the Dagger in Tierce.
After Alfieri.

The line A gives an alternative "riverso" at the head, B a low thrust, and C a "Mandritto" at the leg.

Plate 14.

Parry of Quarte and Riposte. *After Alfieri.*

The line A gives the alternate thrust over dagger, and B the "riverso" at the arm.

Plate 15.

Parry of High Quarte and Riposte under the Arm. *After Alfieri.*

The line A gives the alternative of a thrust at the face, and B that of a "Mandritto" at the leg.

Plate 16.

Parry and Command in Tierce, Feint "under and over" at the Throat. *After Alfieri.*

Line B gives alternative of "over and under," A a mandritto at the head, and C a "riverso" at the leg.

CHAPTER IV.

Broadsword and Buckler

This exercise is considerably older than that of the long rapier and dagger, before which weapons it speedily vanished.

The Sword was a somewhat short one, and double edged. Cuts were given with either true or false edge, but the point was rarely used; it was held, like the rapier, with the forefinger over the cross-guard.

The Buckler, a small round shield, at the most some fourteen inches in diameter, was held in the left *fist*, and was not allowed in any way to rest on the arm; and when it was furnished with a spike, the spike was used for stabbing at close quarters.

The Guard

The combatants engaged with the left foot forward and the buckler held in front of the body, with the arm extended, but not stiff, while the sword hand must be kept closer to the body, and somewhat under the shelter of the buckler (Plate 17.)

Marozzo gives twelve guards or positions of the sword for attack, which, when assumed consecutively, are known as "progressions." These movements are extremely picturesque, and should be performed at an "Assault of Arms" previously to commencing the combat. When there are four combatants, A, B, C, and D, they should take their places at the four corners of the stage, A and B occupying those nearest to the audience. At a signal from A, from whom they will take their time, they will step forth with the *right foot*, and advance towards the centre, A meeting D, and B meeting C.

Plate 17.

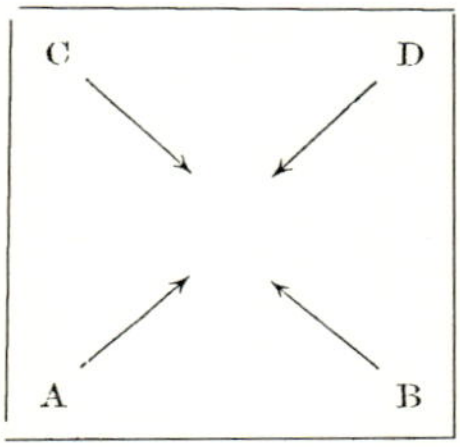

Engaging Guard. *After Marozzo.*

At each step a guard is to be formed as laid down below; and when the four meet in the centre they will salute each one his opposite, by raising the sword-hilt in line with the mouth; and then extending the sword *very high* to the front, with the arm quite straight, so that all the points shall cross in the centre. After this they will lower their points, step back one pace, and at the same time give two beats on the buckler with the back of the sword, when A will engage B near the audience, and C will engage D farther back; and when this time is up the Marchal, or M.C., will stop C and D first, and will proceed, accompained by them, to stop A and B, on which all four will retire together.

The Progressions of Marozzo

1. *Coda lunga e stretta.* — Right foot forward, hand in quarte, buckler extended. (Plate 18.)

2. *Cinghiara porta di ferro.* — Left foot forward, hand in low tierce, buckler close to the face. (Plate 19.)

3.	*Guardia alta.*	Right foot forward, arm extended high to the right, buckler extended. (Plate 20.)
4.	*Coda lunga ed alta.*	Left foot forward, hand in low tierce, buckler extended to left front. (Plate 21.)
5.	*Porta di ferro stretta.*	Right foot forward, hand in low quarte, buckler close to the face. (Plate 22.)
6.	*Coda lunge e distesa.*	Left foot forward, arm extended low to the right, buckler extended to the left. (Plate 23.)
7.	*Guardia di testa.*	Right foot forward, point raised to the front in high tierce, buckler low and centred. (Plate 24.)
8.	*Guardia di intrare.*	Left foot passed to left front, arm extended in supination, buckler to left front (Plate 25.)
9.	*Coda lunga e larga.*	Right foot forward, hand down as in modern salute. (Plate 26.)
10.	*Becha possa.*	Left foot forward, sword extended rather to the right in the form of the hanging guard. (Plate 27.)
11.	*Guardia di facia.*	Right foot forward, arm extended to the front in supination. (Plate 28.)
12.	*Becka cesa.*	Right foot forward, arm extended rather to the right in the position of the hanging guard. (Plate 29.)

When the sword is advanced the buckler is drawn in, and *vice versa*.

N.B.—There appears to have been an error on the part of the artist in "becha cesa"; judging from the text the left foot should be advanced instead of the right.

Plate 18.

" Coda Lunga, e Stretta." *After Marozzo.*

Plate 19.

" Çinghiara Porta di Ferro." *After Marozzo.*

Plate 20.

" Guardia Alta." *After Marozzo.*

Plate 21.

" Coda Lunga ed Alta." *After Marozzo.*

Plate 22.

"Porta di Ferro Stretta, o Vera Larga."
After Marozzo.

Plate 23.

"Coda Lunga e Distesa." *After Marozzo.* In this plate there has been a mistake on the part of the original artist—according to the text the left leg should be in advance.—A. H.

Plate 24.

" Guardia di Testa. *After Marozzo.*"

Plate 25.

" Guardia di Intrare." *After Marozzo.*

Plate 26.

“Coda Lunga e Larga.” *After Marozzo.*

Plate 27.

“Becha Possa.” *After Marozzo.*

Plate 28.

“Guardia di Facia.” *After Marozzo.*

Plate 29.

“Becha Cesa.” *After Marozzo.*

The Attack

The attack is made by cuts with either edge, but it is better to avoid the use of the point. It is made either without moving the feet or on the pass, but *never* on the lunge, for in the days when it was practised the lunge had not been invented.

There are six principal cuts, as in modern play, three being "mandritti" and three "Riversi":—

1. Oblique downwards from right to left.
2. Oblique downwards from left to right.
3. Oblique upwards from right to left.
4. Oblique upwards from left to right.
5. Horizontal from right to left.
6. Horizontal from left to right.

The stramazzone, or vertical cut, is sometimes employed.

The false edge can be used with cut 1 at the back of the neck, cut 5 at the left side or back part of the left arm, or with cut 3, which is delivered at the back part of the left ham, when it is known as the "coup de Jarnac."

The true edge cuts 3 and 4, at or below the knee, we do not permit, on account of the danger of inflicting serious injury.

Parries

It is as well to designate the defensive movements of the buckler by modern terms, thus:—

Tierce—parries cut 1, by raising the buckler to the left front.

Quarte—parries cut 2, by raising it to the right front.

Seconde—parries cut 3, by dropping it to the left front.

Septime—parries cut 4, by dropping it to the right front.

The cuts 5 and 6 are parried by low tierce and low quarte. The "coup de Jarnac" is best met by passing back the left foot, parrying

seconde, and at the same time delivering a vertical cut at the forearm.

The converse of the above must be observed when the fencer is left-handed.

Combinations

M.	P.

Combination 1.

M.	P.
Cut 1.	Parry Tierce, cut 1.
Parry Tierce, cut 5.	Low Tierce, cut 2.
Parry Quarte.	

Combination 2.

M.	P.
Cut 2.	Parry Quarte, Coup de Jarnac,
Parry Seconde, cut 5.	Low Pierce, cut 2.
Parry Quarte.	

Combination 3.

M.	P.
Coup de Jarnac.	Parry Seconde, cut 1.
Parry Tierce, cut 5.	Low Tierce, cut 2.
Parry Quarte.	

CHAPTER V.

Rapier and Cloak

In this exercise the Cloak takes the place, as a defensive weapon, of the buckler or the dagger. It must be turned twice round the left arm in such a manner as to cover the elbow, while the collar is grasped in the left hand; the ends are to be passed over the arm so as to hang down in folds on the outside of it, and with these folds (never with the part which rests on the arm) the various attacks are parried (Plate 30.)

Throwing the Cloak

It is sometimes advisable to throw the cloak over either the face or the sword of the enemy. Marozzo's directions for doing this as follows :—

Stand with the sword in low tierce (*coda lunga ed alta*), feign two or three thrusts at him while you are freeing the folds of your cloak, then pass the point of your sword underneath it, and with the assistance of the sword toss it either on to his face or his sword (Plate 32.)

Swordsmen of the olden time occasionally carried, for defensive purposes, a large gauntlet of buff on the left arm, which covered it above the elbow. Its use, undoubtedly, was similar to that of the cloak or the shield, but we find very little reference to it in the works of the masters.

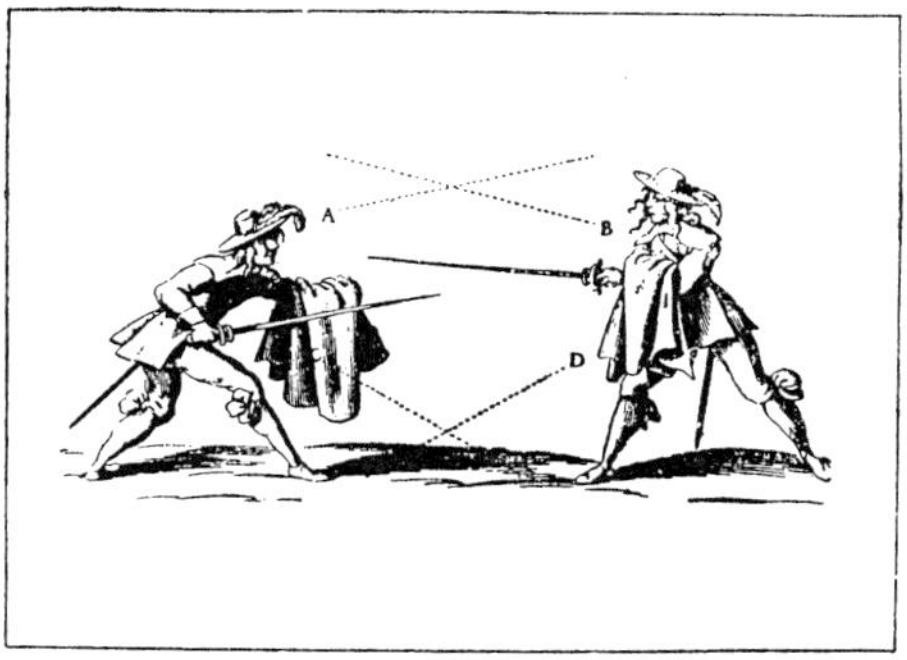

Plate 30.

Rapierl and Cloak, Guard.
After Alfieri.

Plate 31.

Parry of Tierce and Riposte at Throat.
After Alfieri.
Line a denotes a "riverso" at the head, B a thrust at the body, and C a "Mandritto" at the leg.

Plate 32.

THROWING THE CLOAK
Line or denotes a "mandritto" at the head, and B a "riverso" at the arm.
After Alfieri.

CHAPTER VI.

Dagger and Cloak

The Dagger used by Marozzo was the "Pugnale Bolognese," a large double-edged weapon, sufficiently heavy for cutting as well as thrusting.

He is most impressive on one very important point, namely, that as the dagger is a very short weapon, so it is an extremely dangerous one, and requires most careful watching, and that therefore the eyes must never be taken off the dagger-hand of the enemy. The cloak is worn and manipulated in much the same manner as when it accompanies the sword (Plate 33). Feints may be made with the dagger in order to gain openings, and, similarly, openings may be shown with the cloak for the purpose of drawing an attack, the parry and riposte having been already determined on. The following movements of dagger and cloak are extracts from Marozzo's work.

Plate 33.

Dagger and Cloak, Guard. *After Marozzo.*

1. Hold your dagger in quarte (*coda lunga e streta*), with the right foot leading, and keep your cloak rather low, in order to draw a mandritto at the head, or a high thrust; and as the enemy does this, oppose the folds of your cloak to his dagger, pass forward the left foot, and give him a quarte thrust (*punta riverso*) in his right side.

Recover by passing the left foot back, and take the same guard as before.

2. Make a great oblique pass with your left foot outside his right, envelop his dagger-arm with your cloak, and deliver a thrust or a riverso at his neck.

Recover, passing back three or four paces, and take the same guard.

3. Lower your cloak and give an opening above, and as he attacks give a mandritto at his hand on the pass.

Recover, passing back the right foot.

4. Stand on guard in tierce, with the left foot advanced. Show an opening at your left side by carrying your cloak a little over towards your right, and when he attacks, force his dagger well over to your left, pass forward your right foot, and give either point or a riverso at his face.

Recover, retiring three or four paces.

CHAPTER VII.

The Case of Rapiers

This consisted of an exact pair of swords, one for each hand, and they were kept together in one and the same scabbard; they were somewhat similar to those used in buckler-play. The study of this method of fence is recommended by Marozzo, Di Grassi, and others, for the reason that it is difficult, and is, moreover, very little understood, and might therefore be exceedingly useful in a serious fight in the lists.

According to Marozzo, the combatants engaged with the most advanced sword held in quarte, and the other in tierce (Plate 34); but Di Grassi advises a somewhat different attitude, the rear-ward sword being held in a sort of prime, while the other was kept low, with the hand a little in advance of the side (Plate 35). The position of Marozzo is perhaps the most preferable. Di Grassi lays much stress on "finding" and dominating with the advanced sword one or other of the enemy's weapons. The advanced sword was generally used for defence, and sometimes for feinting, while the real attack was made on the pass with the other sword.

The term " within " signifies the part in the middle, that is to say, between the two swords.

The Parries

The parries were practically the same as our modern ones, the main difference being in the names they were known by. In describing the play, therefore, I shall employ for the most part the names as at present understood. We have, then, sixte or tierce, and octave or seconde (the ancients used the true and false edge indiscriminately), to protect the outside; and quarte, septime, and, if need be, the primes to cover the inside.

The lessons of Marozzo for the Case of Rapiers are as follow:—

1. On guard. Left foot advanced. *Right sword* in tierce. *Left sword* in quarte.

M.	P.
Show an opening above *left sword*, and with *right sword* cut false edge under his left arm.	Parry seconde with *left sword*, and return point at his face with *right sword*.
Parry sixte with *left sword*, pass and point at his body with *right sword*.	

Recover by passing backwards, holding both your swords extended towards the enemy with their points crossing, and resume your guard.

Plate 34.

"Case of Rapiers," Guard. *After Marozzo.*

Plate 35.

"Case of Rapiers." *After Di Grassi.*

2. On guard as before.

M.	P.
Show an opening at left leg.	Cut a mandritto at the left thigh with the *right sword*.
Perry octave (or seconde) with *left sword*, and riposte, either mandritto at left cheek, "coup de Jarnac," or a point with *right sword*.	

N.B.—If P. cuts a riverso at the thigh, it must be parried with septime. Seconde is the best parry for the "coup de Jarnac."

3. To draw a riverso. On guard as before.

M.	P.
Advance right foot.	Cut riverso (cut 4) at his right thigh with *right sword*.
Parry low prime with *left sword*, and with *right sword* give a riverso at his right cheek.	
Recover as before.	

4. On guard as before.

M.	P.
With *left sword* feint a thrust within, pass right foot, and give "Jarnac" with *right sword*.	Parry seconde with *left sword*.
Recover as before.	

5. On guard as before.

M.	P.
With *left sword* give riverso within at his left arm, pass right foot, and give with *right sword* either point at side or mandritto at leg.	
Recover as before.	

6. On guard as before.

M.	P.
Turn *left sword* to tierce and engage his left sword with it on the outside, feint with it a thrust over the sword at his head, pass and give a mandritto at his thigh with *right sword*.	Parry seconde with *left sword*.
Recover as before.	

Plate 36.

A " Salle D'Arms ' in the Seventeenth Century.
After Philibert de la Touche, 1670.

7. On guard as before.

M.	P.
Feint false edge at advanced hand with *left sword,* pass and give riverso at thigh with *right sword.*	Parry septime with *left sword,* and riposte riverso at right cheek with *right sword.*
Parry quarte with *left sword,* and give mandritto at left cheek with *right sword.*	Parry sixte with *left sword.*
Recover as before.	

CHAPTER VIII.

The Transition Period

During the first half of the seventeenth century the dagger, by degrees, became unfashionable as an article of costume, and in Western Europe, certainly, the rapier also underwent a change—it was sensibly curtailed in the matter of its length. Although the short sword (*epee courte*) was not generally adopted until about the year 1660, during the reign of Louis XIV., this revolution in the form of the weapon necessitated the invention, on the part of the French masters, of a new school of fence to suit the new arm. Of all the works on seventeenth-century fencing, that of Wernesson de Liancour, published in 1686, is the most typical. The fundamental rules of his art were very similar to our own modern ones, although something of the old rapier-play was retained, especially the recourse to the left hand for defence; while the swords were, many of them, so long and out of balance, that the masters actually taught their pupils to relieve the sword hand occasionally by taking hold of the forte of the blade with left, and thus manipulating the weapon with both hands. (Plate 37.)

The Guard was something like that of the present day, but the weight of the body was thrown entirely on the left leg, with the right leg almost straight, the idea being to keep as much our of reach as possible, while the left arm was raised, as is ours; but it was much more curved, and the hand was held near the face, and so directed towards the front as to be in readiness for parrying if required. (Plate 38.)

The Parries were but four in number—quarte and tierce for the high lines, with septime and seconde (under other names) for the low ones. The counterparries had not yet been invented.

The attacks were also of a very simple kind, and consisted of disengaging, beating on the blade, and such compound attacks as "one, two," "over and under," and "under and over."

The Lunge, in the early stages of small sword fencing, possessed the

defect of throwing the body very much forward, in the hope of gaining a little more reach; and thisw as exaggerated to such a degree as to cause the left foot to roll over completely, the sole of the foot losing its contact with the ground (Plate 42.)

The Pass in the seventeenth century was of two kinds. The ordinary pass, which was effected by stepping forward with the rearward foot and bringing it a full pace in front of the other, was used for the purpose of approaching the enemy, in order to seize either his person or his sword, or occasionally to make a thrust. (Plate 40.) The other, which we must term the *full pass*, was effected by stepping forward so far with the rearward foot as to bring it, when the movement was completed, into the position of a kind of lunge. It was extremely dangerous, and by the end of the century it had disappeared from the French School altogether. (Plate 41.)

The passes were met by certain counter-movements of the feet, consisting of a similar pass to the front or a pass to the rear, known as *counterpasses*, or a species of pass to one side, known as the *demivolte* and the *volte*. These latter were sometimes employed against a true lunge, but in that case it was usual to "oppose" the left hand to the enemy's blade during the execution of the movement.

The Demivolte was effected by straightening the legs and passing the left foot a quarter of a circle backwards towards the right, and turning on the toes of the right foot, by which means the trunk was carried out of the line, the head was turned towards the enemy, and the sword arm was straightened so as to receive him on the point. (Plate 42.)

The Volte was a more complete turn of the body, and was effected like the demivolte; but the left foot described very nearly a half-circle, so that the back was half turned to the enemy, and the trunk was removed so entirely off the line that the opposition of the left hand was unnecessary. (Plate 41.)

Plate 37.

Holding the Sword with both Hands.
After De Liancour.

Plate 38.

The Guard, *After De Liancour.*

Seizure of Both Sword and Person

Before we leave De Liancour we must note his curious advice on the method of treatment for one who rushes in with the intention of stabbing. As he encloses make a complete volte with the left foot, which will leave your right foot in front of you, and immediately pass back your right foot, placing it in rear of both his feet; and during the execution of this you exchange your sword into your left hand, holding it by the middle of the blade, and presenting the point at his throat; at the same time pass your right hand across his body, and seize the shell of his sword. (Plate 43.)

Plate 39.

The Lunge. *After De la Touche.*

Plate 40.

Pass and Volte. *After De Liancour.*

Plate 41.

The Full Pass. *After De Liancour.*

Plate 42.

Lunge and Demivolte
After De Liancour.

Plate 43.

Seizure of both Sword and Person.
After Liancour.

CHAPTER IX.

The Eighteenth Century

We now approach the third period of our art; in which we find the walking sword, still the constant companion of the gentleman, gradually improving both in form and in lightness, until it reached its perfection about the middle of the eighteenth century, while the method of using it developed correspondingly. To form a correct idea of the style of this period, we may refer at once to the famous oblong folio brought out in 1763 by the first of the Angelos, though it is true that all the actual material found in that work occurs in others slightly earlier, and notably in the interesting "Nouveau Traite" of Girard, which appeared in 1737.

Under these masters we renew the acquaintance of the prime parry, in the form in which it is still sometimes used. We are introduced to a "feather parade" of "quarte over the arm" with the hand in supination, similar to our "sixte." We recognise the ancient parries for the low lines under the names of "Seconde" and "half-circle" (the modern "septime"), and the parry of "quinte," which we now call "octave"; while movements practically the same as our counter-parries had been introduced under the name of "parades with a counter-disengage." In fact the fundamental principles of the art have, since the time of Angelo, scarcely been altered at all, while the academic gracefulness displayed in this and in many other contemporary works has certainly, at least, not been surpassed by modern swordsmen.

The movements of the eighteenth century most interesting from a dramatic point of view are the "salute" and the various methods of seizing the sword, given by Angelo, together with one or two of a more rough-and-ready description recommended by a German author named Weischner; and in giving the necessary explanations we cannot do better than use the words of the famous master himself:—

THE SALUTE IN FENCING, GENERALLY MADE USE OF IN ALL ACADEMIES AMONG GENTLEMEN BEFORE THEY ASSAULT OR FENCE LOOSE

The salute in fencing is a civility due to the spectators, and reciprocally to the persons who are to fence. It is customary to begin with it before they engage. A genteel deportment and a graceful air are absolutely necessary to execute this.

FIRST POSITION OF THE SALUTE

You must stand on your guard in tierce, and, engaging the feeble of your adversary's sword, make three beats of the foot, called attacks, two of which are made with the heel, and the third with whole flat of the foot.

Carry your left hand gracefully to your hat without stirring the head, which is to face the adversary; and the hat being off, you must observe the following rules. (Plate 44.)

SECOND POSITION OF THE SALUTE

You must pass your right foot behind the left at about a foot distance; keep the knees strait, the body strait, and the head very erect; at the same time stretch out your right arm and turn your wrist in carte, raising it to the height of your head, as much to the right as possible, holding the point a little low. When you pass the right foot behind the left you must drop and stretch your left arm, holding your hat with the hollow upwards, about two feet from your thigh. (Plate 45.)

THIRD POSITION OF THE SALUTE

When you have saluted to the right, observe well that the wrist be carried to the left, bending the elbow, and keeping the point of your sword in line to the adversary's right shoulder. All the other parts of the body should be in the same position as before mentioned. (Plate 46.)

FOURTH POSITION OF THE SALUTE

When the salute is made to the left, the wrist must be gracefully

Plate 44.

The Salute; First Position. *After Angelo.*

Plate 45.

The Salute; Second Position. *After Angelo.*

Plate 46.

The Salute; Third Position. *After Angelo.*

Plate 47.

The Salute; Fourth Position. *After Angelo.*

Plate 48.

The Salute; Fifth Position.
After Angelo.

Plate 49.

A Disarm after having parried Quarte; First Position. *After Angelo.*

Plate 50.

A Disarm after having parried Quarte; Second Position. *After Angelo.*

turned in tierce, holding the arm and the point of the sword in a line with the adversary, and at the same time come to your guard, by carrying the left leg about two feet distance from the right; and bending the left arm, put on the hat in an easy and genteel manner, and place the hand in the position of guard. (Plate 47.)

FIFTH POSTION OF THE SALUTE

Being thus engaged in the position of your tierce guard, you must repeat the three attacks, or beats of the foot, and straitening your knees, pass your left foot forward, point outward, the heel about two inches distant from the point of the right foot, and, straitening both arms, turn both hands in carte, the left arm about two feet from the left thigh, the right arm in a line with the right eye, and the point of your sword in a line to your adversary. (Plate 48.)

Note—These last motions are to salute the adversary.

After this last attitude you must come to your guard again, in what position of the wrist you please, either to attack or receive the adversary.

If you should find yourself too near your adversary, after having made your pass forward with your left foot, you should immediately carry your left foot back, and come back, and come to your guard, to shun an expected surprise."

The Disarms by Seizing the Sword

OF A DISARM AFTER HAVING PARRIED THE CARTE THRUST

If the adversary is irregular and careless when he thrusts a carte, you should parry him with the carte parade, by a dry, smart beat with your forte, seize the shell of his sword with your left hand, bring up your left leg to the right, and with the forte of your sword bear strong on his blade, which will oblige him to open his fingers, and drawing in your arm, still holding his sword fast, you will become master thereof. (Plate 49.) The disarm being made, carry your left foot two feet back with a straight knee, and present the two points at him. (Plate 50.)

OF THE DISARM ON THE THRUST IN TIERCE, OR CARTE OVER THE ARM

If the adversary makes a thrust in tierce, or carte over the arm, and abandons his body in a careless manner, you must parry him by a dry, smart beat with the edge of your forte, traversing the line of the blade, and force or bear his wrist upwards, at the same time passing the left foot about a foot before the right; still holding fast his sword, you should throw his arm outward to the right, and carry your left foot forward about two feet (Plate 51); bending your right knee, and straightening the left, present the point of your sword to his face. (Plate 52.)

OF THE DISARM ON THE CARTE, OR SECONDE THRUST, AFTER HAVING PARRIED WITH THE PRIME PARADE

If you are engaged in tierce, make an attack of the foot, and force the enemy's blade on the outside to excite him to thrust; and at the time that he thrusts either carte or seconde, parry quickly with the prime, and advance about half a foot, and with swiftness pass your left arm over the forte of his blade; by this means, by drawing in your body and left arm, he will be forced to quit his sword (Plate 53); as soon as the disarm is made, present your point, and pass swiftly back, with your right foot distant form the left as you will see in Plate 54.

OF THE DISARM AFTER THE PARADE ON THE OUTSIDE OF THE SWORD

If you are engaged on the outside, either in tierce or carte over the arm, you must make an appel of the foot, and force or bear a little on his blade to excite him to thrust a carte within the sword.

At the time he disengages and thrusts out, you must counter-disengage and parry, forcing his blade upwards with the forte of yours; you are to pass your foot before the right about the distance of a foot, and with liveliness and resolution with your left hand seize the shell of his sword; and as in defending himself he might bring up his left leg and throw

himself forward on the blade, to hinder his seizing it you should instnatly throw your right shoulder and arm back and carry your right foot behind the left about a foot, and turning the point of your left foot facing his knee, and passing your sword behind your back, leaving your wrist against your loins, present the point of your sword to his belly.

(Plate 55.)

The German, Weischner, whose work appeared in 1765, gives us two curious methods of overpowering an enemy. In the first (Plate 56) the assailant has attempted a thrust in seconde on the pass, the defender has avoided this by a counter-pass, opposing his sword to that of the enemy in so doing, and on the completion of this counter-pass he has forced him forward by pressing the forte of his sword on the back part of his neck, at the same time seizing his right leg, and so throwing him to the ground.

The second seizure of Weischner (Plate 57) was effected when the enemy had attempted to deliver a thrust in tierce over the arm on the pass. The defender has here parried tierce, has made a counter-pass with his left foot, at the same time bearing down the sword of the assailant; he has then, by bringing up his right foot, placed himself behind him, and has passed his left arm across his breast, by means of which he is depicted in the act of throwing him backward.

Such are the leading features of the Fence of the eighteenth century, the end of which period brings us face to face with the art as it is practised at the present time.

Plate 51.

A Disarm after having parried Tierce; First Position. *After Angelo.*

Plate 52.

A Disarm after having parried Tierce; Second Position. *After Angelo.*

Plate 53.

A Disarm after having parried Prime: First Position. *After Angelo.*

Plate 54.

A Disarm after having parried Prime; Second Position. *After Angelo.*

Plate 55.

A Disarm after the Parry on the Outside of the Sword. *After Angelo.*

Plate 56.

Seizure and Forward. *After Weischner.*

Plate 57.

Seizure and Backward Throw. *After Weischner.*

Nippon Kendō

Explanation of Japanese Sword Play

Japanese Sword Play

1. Mannar of Carrying a Sword and Salution to the God (the Deity of the Sword)

The culture of the military arts is most important to the knight (Bushi). Therefore it is indispensable in maintaining respect and discipline. In these days, it has become neglected and has fallen into a tendency to be no more than a mere ceremonial form. It is indeed a cause for regret that this fine old art has become rough and vulgar. We should attain the spirit from first to last and swear to maintain a pure clear mind before God (the deity of sword) by throwing off all self-interest and self-desire. Thus cowardice will not be seen flattery and guile will be unknown.

Thus, a sort of virtuous high character is formed as naturally the bright light of the moon and the warm wind. This is the meaning of the salution before God (the deity of sword) shown in the first page of this book. So spectators should not lightly observe this salution. (Figure 1st) There are several methods of carrying the sword. The manner shown in this illustration is of the salution for a man of high position.

(Prefer to the Japanese sword play, Page 75)

2. Wearing the Outfit Used for Training

This illustration shows the practiser wearing the training outfit. However, the face-guard (men) and the gauntlets (kote) are held in the left hand while the plastron (dō) and the pendant (tare) are already being worn. In the first place, speaking of the order of putting on the outfit, the pendant comes first. Placing the large pendant in the middle, it

should be applied to the abdominal region, the position being a little below the navel, and with westerners it should be still lower than the place of the belt. Then take the cords at both ends of the pendant and bring them round the back of the body once and tie them under the large pendant in front. Next comes the plastron. Applying it to the breast and belly take the cord at the back and pull it to the front over the shoulder and tie it after passing it through the loop at the top of the plastron. There are two cords the left and the right, that is, the left cord is to be pulled over the right shoulder through the right loop, and the right one through the left, and these are to hold at the shoulders the plastron that covers the breast. The cords at the rear lower parts of the plastron should be tied at the back so as to be loose when pulled. Thus as in this illustration you are to appear in the exercise-hall with the face guard and gauntlets in the left hand and the bamboo-sword in the right.

The face-guard and gauntlets are to be put on after sitting upright in the exercise-hall. The cords on the face-guard should be tied at the back of the head after bringing them up and down around the head as in the illustration at the left. Lastly, you are to put your hands in the gauntlets and then holding the bamboo-sword commence the practice. This is the order that is now followed in preparing for bamboo-sword exercises.

(Prefer to the Japanese sword play, Page 76)

3. An Illustration of Holding the Sword to the Right over One's Head

The essence of sword-craft is to cut, and the most effectual way of cutting is to cut straight down. The other forms are but minor applications of this, such as left, right, and the slant cut down. The posture of holding the sword highest over one's head (also known as the heaven posture) shown in this illustration is chiefly based on this straight down cut. The essential of this posture lies in suppressing the opponent continuously and using the first opportunity that comes. Consequently,

the action that occurs the instant the opponent tries to make a more (of at the outset), and the trick that has the second strike in aim, are not characteristics of this cut down technique. This is, namely, what is called the expectation posture of the sword and is different in force compared with that of the bamboo-sword. Probably, this is unavoidable because of the difference in arms.

(Prefer to the Japanese sword play, Page 77)

4. The Middle Posture

A valuable art of the sword is its change. In fact, knowing ones self, a soldier must always fight free according to the requirements of the case, and the posture which is shown in this illustration is the only one complete means to attain this object. Whoever the enemy may be, and no matter what the size or length of his sword may be, there is no posture which can be practised free with unrestricted skill in both attack and defense expect in this posture.

In this case, it is a general rule to turn the point of the sword to the enemy's eyes, but sometimes to the throat or the pit of the stomach. The strategy that there is more or less difference of aim according to an enemy's sword is, as it were, that water has no fixed form and follows naturally toward lower places.

(Prefer to the Japanese sword play, Page 78)

5. The Right Side-Posture: Overhead Case

This illustration is commonly known as the eight phase posture (eight phase means that you can advance easily in any direction, thus enabling you to face an attack with unlimited change.) When clad in helmet and armour it is impossible to take the overhead posture so this one is taken instead. This is a pose suppressing the opponent.

Generally speaking, in using the sword the principle is to return the

sword without failure after dealing a blow. So the sword that has cut down is cut up again. The coup de grace (the finishing blow) is named so from the fact that the sword that has cut turns back again. Killing one person with a single blow, concerns after all the resolution of the mind, and the principle of the sword movement is always, two blows dealt to kill one person. This trick is used to cut sidewise without moving the body, or to cut into the three overhead, middle or lower guards, drawing the left foot or advancing the right one. Four changes of this trick remain in the Shindo-Munen School. The eight phase posture is called the meeting of form, and is originally important as a posture of form, but there is no trick using this with a bamboo-sword.

(Prefer to the Japanese sword play, Page 78)

6. The Contrary Lower Posture

This posture is a means of changing the distance, and there are many rules handed down from ancient times that this posture was used for a long-handled sword or a spear.

This lower posture checks the point of the left and right foot of the enemy. The sword acts as a shield for the feet and the enemy is given no opportunity to take advantage of any weakness. Sonshi said that best strategy is such a posture.

(Prefer to the Japanese sword play, Page 79)

7. The Haze Posture

This illustration shows what is called the haze-posture or the swallow-turn. The order in opposing the opponent and using this trick is: firstly, to hold the sword point right in front of the opponent's eyes, and from this position to make a dashing attack, jumping into the opponent's bosom; secondly, to circle the sword to the left the moment you advance your right foot and cut up the opponent from below; thirdly, to cut

while reversely drawing the left foot. These are actions known as difficult tricks from olden times. In the Shindo-Munen School there is a means of entering into this posture from the middle guard. Further, the action within the palm is not always used in the change of the trick. Notice: This posture is most efficacious when the opponent is holding the sword over his head.

(Prefer to the Japanese sword play, Page 80)

8. Warding Off With the Small Sword.

Receiving the sword crosswise is the proper way of warding. But, when warding off a long sword with a small one, as in this case, the special thing to notice is that the result is not effective unless the flat of the sword and the movement of the body are used together. Commonly, this is called the slant warding off, for you jump against the opponent's bosom at the moment of warding off.

Originally, the aim of the small sword was to approach the opponent without touching his weapon, so the opening to the left and right, the movement to the front and rear, and agility and swiftness in motion are highly valued. This form remains in the 'Great Japan Sword-craft Form'

(Prefer to the Japanese sword play, Page 80)

9. The Reciprocal Overhead Guard

This is unanimously explained as a special feature of the overhead guard by those masters of each school. The state in which the posture of holding the sword over one's head is mutually taken, as shown in this illustration, is called the reciprocal overhead guard. This state stands on an equal footing, so there is no difference between the fighting forms. Consequently, the spirits of the two opponents decide the issue.

(Prefer to the Japanese sword play, Page 81)

10. The Sword-guard Colliding Case

The illustration shows what is commonly called the tsubazeriai. The cause is complicated and can not be simply explained. To be brief, however, it is a state that arises unexpectedly at the moment of wild striking when the technique, change, tactics, etc. of the two are being promptly exercised. We can certainly attribute the cause to the weapons being bamboo-swords without any danger of hurting or killing the opponent. To prove this, it is not too much to say that not even a single case of tsubazeriai in actual fighting appears in documents since ancient times. Though it is a question whether it was practically used or not, in the " Drawn Sword Chapter " of the Hasegawa-Hidenobu School the form of this case is initiated, the case only being brought to practical use by the second action. Now let us think of the means and measure to take with bamboo-swords. The first thing is to pay attention to the movement of the opponent's sword-guard and the most important thing is to take the initiative and deal the first blow. While dealing the first blow we must part, or push our opponent and deal the second blow. The most necessary thing in either step is to calm ourselves thoroughly before taking action, for if we lose patience or get excited our opponent will reversely use this trick on us. It is told in " A Brief Life History of Martial Art Masters " that when Iwama-Koguma and Negishi-Tokaku, both pupils of Morooka-Kazu-u, held a contest on a bridge the swords that the two struck twined tightly together and took the tsubazeriai position. This affair is described in the appendix of this book and if you glance at it now, you will understand. It has been told that Iwama-Koguma pushed Negishi up against the parapet of the bridge keeping the same tsubazeriai position and then taking hold of his leg threw him into the river. Luckily, the parapets of the bridge were low at that time, so that the moment he pushed the enemy against it, the enemy's body would have floated in air, and this should have made it easy to do the second trick such as taking hold of the enemy's legs and throwing him.

It is a mystery of this subject to make changes in the craft according to the immediate circumstances. This is the so called, uninitiatable initiation that can not be understood through teaching only.

(Prefer to the Japanese sword play, Page 81)

11. The Reciprocal Middle Guard

This illustration shows what is known as the reciprocal middle guard. In such cases, the inside of a circumference described with the length of the weapon as the radius and the holder of it as the centre, is called one's own space. The inside of this circle, that is, one's own space, is the limit within which this trick can be used. Thus, the position facing each other as in this illustration, the space between each other being the same, is called the equal footing. In this case the three forms, caused by the space between each other being far, near, and middle, and the efficacy of these three are the most important problems that are worth studying, for they are the keys that decide the issue.

(Prefer to the Japanese sword play, Page 83)

12. The Cheek Cut Case

In the craft there are two postures, the lengthwise and the breadthwise, and in the body movement there are changes to the front, rare, left, and right, but the perfection of the craft means that you possess and apply all of these freely. But, as practice with a bamboo-sword does not always go hand in hand with the true spirit of the sword, martial art masters should constantly take care to acknowledge the peculiarities and the methods of application concerning arms, to provide themselves against an emergency. The cheek cut trick as in this case, when done with a bamboo-sword is usually efficacious, but whether the effect is the same when the trick is used in sword-craft, can not be declared without some hesitation. It is needless to say that sword-craft becomes efficacious only

when both hands are used ; to attempt this with one hand, is not quite impossible, but it must certainly be a difficult task. Actually wielding a sword with one hand you will find it difficult to turn the sword-blade. Martial art masters should always be careful about their arms, and they must take care not to plough the field and forget the seed. Thus, when performing cheek cut the most important things are the tightening of the left hand, the drawing of the right shoulder, steadness in the knees and the planting of the feet, and when there is a blunder in any of the above the effect of the trick is influenced.

(Prefer to the Japanese sword play, Page 83)

13. The Single Handed Thrust 1.

This illustration shows an instance in which a sword in one hand is used against two swords. It is considered that a lungeis essentially very uncertain. Accordingly it cannot be called unless it is continually repeated two or three times in order to prevent the danger.

The single handed thrust shown here is known as a killing craft and has been feared as a dangerous one from old. In this case the tightening of the wrist and caution not to let your body swim are the two points that need attention. Though this is a digression, there are fifteen or sixteen kinds of thrust crafts, and the best among them is the flinging thrust.

(Prefer to the Japanese sword play, Page 84)

13. The Single Handed Thrust 2.

In thrusting attention must be paid to the waist and the left wrist. As thrusting means 'stabbing right through' the above point is quite important. Judging from the drawn sword and the quality of the real sword I believe it is very difficult to practise this craft with a real sword.

It is necessary to get down the opponent confidently, with a single thrust, but this confidence must specially contain preparatory means or the

single handed thrust will become very risky craft. Thrusting with both hands is the surest way with the real sword, while the single handed thrust is much practised with the bamboo-sword. To aim at the bosom instead of the throat is a noteworthy fact that needs study.

Reference: Please take notice of the phrase 'thrusting is a killing craft.'

(Prefer to the Japanese sword play, Page 84 & 114)

14. The Use of Long and Short Swords

The illustration shows one example of the advantageous practice of two swords. The one side prevents the other sword which is about to cut off the head with a long sword wielded in both hands and stabs to the enemy's breast with a short one. In this case, as the one side faces the pressure of the other two hands, he pushes up it contrarily at the moment of this prevention. This example is rarely found in the case of two bamboo-swords, but has survived as a real earnest act since olden times.

(Prefer to the Japanese sword play, Page 85)

15. The Small Sword Posture Case

The posture in this illustration is called the forestalling posture of the Chujo School. Up to the present it is still known as a superior trick and the greatest efficacy of this posture is shown when facing special weapons other than the sword.

(Prefer to the Japanese sword play, Page 86)

16. Cutting the Opponent's Face

The most important reason why the stick craft suppresses the opponent is, namely, the utilization of the length of the sword plus that of the iron ribbed fan. Although the length of the sword is the same there

are cases in which you kill or set free the opponent according to the change of the length due to the opening of the body. So utilization of length is the key to life or death in sword craft. This illustration shows the trick in the Hidenobu School's Chapter of the Drawn Sword Craft, you are to turn the sword round to the left from the middle guard, drawing the right foot back widely to the right and cut the opponent's face when he advances to cut your waist. Of course you are to cut your aim with full strength.

(Prefer to the Japanese sword play, Page 86)

17. The Case in Which You Are to Jump in with the Small Sword

It is proper to think that you are without any sword when you take a posture with the small sword. Consequently, there is already some unreasonableness in showing this in form. The form that is unreasonably shown here is that of the Great Japan 'Sword Craft Form. The efficacy of the small sword is shown only when you are close to the opponent. The work of the left hand is to help the movement of the small sword by showing such tricks as holding down, turning off and checking, according to circumstances.

(Prefer to the Japanese sword play, Page 88)

18. Holding the Sword in Place of the Shield

The Japanese shield differs a great deal from the western one in form and in use.

In the chapter, Weapons of Conquest, of the Wamyo-sho it is explained that the Hodate (the Japanese name being Tedate: Hand Shield) is narrow and long and used by the infantry. In the Ise-onmukami article of the Engishiki, number four, it is written that the shield is four feet six and a half inches in length and has a grip on the back. There is a

record in the Jindai-ki that runs, " Let us make a white shield sewn a hundred and eighty (many) times." And again the twenty-eighth poem of the Manyo-shu, volume one, which is an Emperor's poem composed in the first year of Wado, Tsuchinoe-saru, runs as follows : " Listen to the sound of the warriors shooting their arrows, those who are serving God are fixing their shields." As it is easy to understand, considering these records collectively, the Japanese shield was used as a shelter from arrows in time of battle formation, and is quite different from the western shield. It is recorded that later in scrambling fights the helmet was used instead of the shield to defend the body, but this was used only for convenience' sake and after all is different from the western shield. It is an unmistakable fact that there was no such a weapon as the western shield, in Japan, so this illustration shows, as a contrast, the small sword in place of the shield. Consequently, the meaning of the illustration is that the small sword stands for the shield and the long one for the western sword.

(Prefer to the Japanese sword play, Page 89)

19. Thrusting Single Handed the Opponent at the Back

This illustration shows the case of thrusting the opponent who is at the back, single handed. This method is known as the *Futarizure* (a party of two) that remains in the Drawn Sword Chapter, today. You are to thrust while turning back the instant you reversely ward off the opponent who grabs at the sword from behind. The Muso-Sinden School teaches the thrust downwards while the Sindo-Munen School teaches to thrust horizontally. There are similar tricks such as, the sides thrust, and the overtaking blow, but, above all, this trick is the most difficult one. Now, the important thing here is to advance the left foot sufficiently, and corner the opponent.

(Prefer to the Japanese sword play, Page 90)

20. The Reciprocal Middle Guard at Close Quarters

In this case the most necessary precaution is to fix your own sword point to the centre of the opponent and never to turn it aside from his body, and then endeavour to *inasu* (inasu is a common term in sword craft and means to turn aside the opponent's sword point from your own body as much as possible) the opponent's sword point. In such training at close quarters the most necessary thing is to utilize the sword point, that is to concentrate the whole force at the sword point and display your spirit, cunning, and strength. The form of the contest of this trick remains in the Sindo-Munen School. It is a well known fact needless to repeat that the Fumichigai (changing step), Ōji-gaeshi (responding back) and others are very important. In the case of the bamboo-sword there are many occasions such as shown in this illustration. The issue is decided by the training of the intellect, strength, and craft. This posture is commonly called the fifty-fifty-hundred one, because it is a form on a par in force.

(Prefer to the Japanese sword play, Page 91)

21. The Small Sword Posture

The posture shown in this illustration remains until today, known as the initiative posture of the Chujo School. This posture is practised when facing special weapons. When using the long sword to take this posture it is common to steady the knees and when facing more than two opponents this is a craft that should change within the opponent's bosom. This remain as an altered case of the body attack.

(Prefer to the Japanese sword play, Page 91)

22. The Haze Posture (Continued)

This posture is known as the haze posture. As can be understood by the illustration the sword point is aiming at the opponent's eye and hinders

his charge. The instant the opponent is forced to move his body you can cut in from the left, right, side or below. This is what is called the preamble of the pursuing cut and is an exceedingly delicate trick. Several variations of this trick still remain in the Sindo-Munen School. It may be said in passing that this posture is never put into practice with the bamboo-sword.

(Prefer to the Japanese sword play, Page 92)

23. The Regular Plastron Blow

The essence of sword craft lies in restraining the opponent's weapon and utilizing your own, keeping your body outside the thrust and attack limit of the opponent.

That is, the most important thing is to ward off to the left or right the instant the opponent cuts in, and catch him unprepared. This illustration shows an explanation of the above. The instant you ward off to the right, the trick of the opponent who cuts in, your own sword deals the plastron blow. As can be understood from this illustration, it is quite difficult to repluse the trick of the opponent who cuts in, and be successful in practising your own trick.

You must be sure to turn aside your body to the left or right in protection against the opponent's blow.

It is said that the plastron blow should be dealt with the mutual striking spirit, and this is a problem worth studying.

(Prefer to the Japanese sword play, Page 92)

24. Unique Cases of Drawing a Sword and Striking at Once, of the Two Schools

This illustration shows the body opening to the right and the sword thrusting (Sindo-Munen School) the opponent who comes from the rear whipping out a sword and slashing with one movement, practising the

one trick method. (Hasegawa Hidenobu School).

Both crafts consist of this one trick method, and the posture shows a peculiar contrast, the sword of the former pointing downwords opposing the sword of the latter that points upwords. The trick of the former consists in thrusting and that of the latter in dealing a downward blow.

Setting aside for the moment the issue of the two, such tricks are practised with lightning speed. Specially, as nothing is more difficult than both of these methods they are only used by men of great skill and those initiated into the mysteries of sword craft, the fact that the trick is a single handed one makes it the more difficult.

(Prefer to the Japanese sword play, Page 93)

25. When the Weapon is Grasped from Behind

As said before there are two methods used in unfastening this grasp, that is, taking the left and right reverse of the opponent in order, and unfasten at the same time. This unfastening is a very difficult trick, and among the methods used by the various schools, there are only a few examples, regarding the drawing of the sword.

(Prefer to the Japanese sword play, Page 94)

26. The Circle Extreme Posture

At a glance this posture seems similar to the 'heaven and earth posture' or the 'positive and negative posture,' but practically it is different. The different point is that the point of the sword is held a little upwards.

The variation of the small sword is most important when two swords are being used. There is a chapter called, 'The Infinite Craft of the Small Sword' in a document that an ancient man left for us, which teaches us about position, accepting of variation, and boundless activity. It is said in one of the paragraphs, "When facing many opponents with two swords take the middle guard with the small sword and place the right hand sword sideways to the right, keeping your opponents between

the small and long sword. Then cut upwards, back from below, to the left, and to the right again with the sword. Always keep your opponents within the bounds (that is between the small and long sword)." By the above we can easily observe the outline.

In addition : — The difference between the two real swords and the two bamboo-swords have already been explained in previous chapters, but as this is rather an important subject further studies are expected.

(Prefer to the Japanese sword play, Page 94)

27. The Left Straight Case

This is one of the most characteristic postures of the two sword method, and is also noted among the forms used at present. Without letting the opponent know the distance, you plant your body sidewise so that the opponent cannot observe which way you are to change. The exquisiteness of the craft ,in changing freely into the left and right check, the haze return, and the cut back is beyond imagination. The reason why I urge strongly the study of this craft, is that I want to see this used in the bamboo two swords method.

(Prefer to the Japanese sword play, Page 95)

28. The Cross Attack Posture

Usually, in the so-called cross posture the sword points are fixed a little lower than in this illustration. This illustration shows the offensive case that remains in the Sindo-Muso (Divine Vision) School. When the sword points are fixed a little above the wrist the form becomes a suppressing one with the cross aiming at the opponent's eyes. The way of attack from this form is to make a steady drive, keeping up the same position. This is a new trick that the common sword craft did not even dream of, and there is a certain trick that utilizes a rush from this posture. The only one trick that can break this one is the trick that cuts up from below.

(Prefer to the Japanese sword play, Page 96)

29. Warding off the Opponent's Sword with a Small One and Cutting His Cheek

When facing an opponent with two swords, we are told that aiming at the wrist of the hand which grips the sword or the small sword is one means of assault. We often see this trick practised with the bamboo-sword, but, generally there are only a few who are masters of this Seiko-ho (regular offensive method), this trick is liable to be abandoned. As this trick contains many problems worth studying, it is inserted here, although it is almost the same as the trick in illustration (Page 85). This illustration shows the opponent coming with one sword, against the man with two swords, to cut the wrist of the hand holding the small one. He is to parry this with the small sword while drawing backwards to the right and cutting the opponent's cheek. The two uses of the small sword, parrying and responding, must be noted here.

(Prefer to the Japanese sword play, Page 96)

30. An Attempt to Run Against the Opponent's Bosom with a Small Sword

This illustration shows the posture that attempts to run against the bosom of the opponent who is armed with a long sword.

This form remains in the Great Japan Sword Craft Form. (cf. The Case Confronting The Desperate Small Sword Attack) This posture is the same as that of the illustration. (Page 88)

(Prefer to the Japanese sword play, Page 97)

31. When Clinched from the Rear

This illustration shows how to draw the sword when clinched from the rear. To whip the sword holding the hilt reversely is a peculiar method of drawing the sword, but as this is the only way of drawing the sword

without squaring the elbows, this method must be used.

This method is studied by all schools, and each has its special technique. Therefore, this is noted for reference.

(Prefer to the Japanese sword play, Page 98)

32. The Middle Guard against the Right Side-Posture Overhead Guard

The right side-posture overhead guard is commonly called the *hasso* (eight aspects). This craft is now found in the form of *goka* of the Shindo-Munen School and the Shinkage School. *Hasso* means to cut down the opponent and it has the three following uses, that is to cut:

1. the opponent's left shoulder,
2. the left side of the belly,
3. or the cheek.

In days of old it was impossible to take the overhead guard, clad in armour as they were, so this posture was used in its place.

(Prefer to the Japanese sword play, Page 98)

33. Thrusting with Both Hands

We have already explained the outline of the thrust in the chapter concerning the single handed thrust, and the same case should be taken in the thrust with both hands. When thrusting with both hands you should hold the right fist level with the breast and the left fist at the height of the pit of the stomach (also called the *nakazumi* or the *suigetsu*) and stretch your arms. Men of old have taught us to tighten the shade muscle and extend the light muscle, when stretching the arms. The shade muscle forms a strength line that runs along the inside of the arm to the chest, and can easily be seen when strength is put into the little and the fourth fingers. The light muscle is a muscle that runs from the thumb, forefinger and middle finger through the upper arm to the

deltoid muscle. That is, the strength of the shade muscle works when a movement is made to grasp the hilt, and that of the light muscle acts when the movement is made to extend the sword right to the front. It may be noted in passing that in the Bugaku-Shushu-Hen it is written that thrusting with both hands is not real thrusting unless you thrust in succession.

(Prefer to the Japanese sword play, Page 99)

34. Cutting the Opponent's Cheek from the Two Swords Posture

The form of cutting with the sword held in one hand is still maintained today in the drawn-sword craft, but this must be one of the most difficult tricks to practise. The illustration shows how to parry the opponent's sword with a small one, and then while pushing forward to cut the opponent with a small sword. In this case it is natural to grip the right hand about half an inch from the sword-guard. (This is making a digression, but if a bamboo-sword is used on such occasions the pommel is usually gripped. The reason for this difference is not made clear in any document, but I always think that the value of studying sword-craft lies in such matters). As I said at the beginning, the problem in this case is the efficacy of cutting, and this of course depends upon training. It is a matter for congratulation that the method of cutting with one hand is being studied and also progressing of late. I am desiring earnestly for good results to appear.

(Prefer to the Japanese sword play, Page 100)

35. The Right Side-Posture: Low Guard Case

The special feature of this posture is to conceal your own merits and demerits from your opponent. Though this posture can be taken with a real sword it is seldom taken with a bamboo-sword. Ardour to suppress

the opponent is necessary in this posture, as in the overhead guard. To advance with the weapon concealed looks desperate and seems to be unfavourable, but actually it is not quite so. There is no effect, however, unless a highly practised hand performs it. This remains in the Great Japan Sword Craft Form.

(Prefer to the Japanese sword play, Page 101)

36. A Singular Case within the Opponent's Bosom with a Small Sword

This is a singular reverse craft in which you dash into the opponent's bosom with a small sword and as it is a very exquisite craft remaining in a chapter concerning sword-play at near distance, attention must be paid to it. The instant you grab the middle part of the hilt of the opponent's sword with your left hand, you are to twist it while pulling it towards yourself. Of course the small sword must be thrusted forward sufficiently. The movement of the small sword after this is to thrust the breast or cut the cheek.

(Prefer to the Japanese sword play, Page 101)

37. The Reverse Two Swords Case

The reverse two swords posture shown in this illustration is called the Mirai-Chishin School. In the ordinary two swords posture the long sword is held in the right hand and the short sword in the left, but in this illustration the reverse is shown, that is, the long sword is held in the left hand and the short sword in the right one.

When the practicer of the trick was left-handed this reverse posture must have been applied, according to the merits of changing during the trick.

It may be said in passing that recently the use of two swords is being rejected by some of the sword craft masters.

Regardless of this I think it quite undesirable to violate the traditions of the trick, I intend to study again some day the advantages and disadvantages, the merits and demerits of the two sword method, but as the problem has appeared here I have added my own opinion.

(Prefer to the Japanese sword play, Page 102)

38. Unfastening the Hand That Grasps the Hilt and Dealing a Blow

This is called the *Deai* (meeting), and in case the hilt of the sword is grasped by the opponent when confronting each other there are various ways of unfastening this. This is one of the ways of drawing the sword at close distance of the Muso-Shinden School's Standing Art of Drawing a Sword Chapter. It is probably proper to say that the hand of the opponent is twisted reversely, by taking hold of it and not allowing the hand to be used at all, instead of saying the hand of the opponent is unfastened from the sword. The method of the craft is to grab the sword from over the back of the opponent's hand and twist the sword reversely advancing into the second trick. Although the trick is very simple it is not widely known, yet it is an exceedingly effective trick.

(Prefer to the Japanese sword play, Pa e 102)

39. Cutting the Reverse Plastron of the Opponent with Two Swords

This illustration shows the case in which you deal a blow to the reverse plastron of the opponent armed with two swords. This is a trick to be on the look out for the reverse of the general rule of offense and defense, raising and lowering the long and small sword alternately. That is, when you deal a blow with the long sword the small one never fails to defend the head while when you cut down with the small sword the long one must always cover the head. If the opponent wards off your

sword with either of his swords, at the moment of attack, there is no scope to make use of this trick. This means that other tricks must be designed.

(Prefer to the Japanese sword play, Page 103)

40. A Singular Posture against the Two Swords Middle Guard

In this case be careful to have the points of both of the swords pointing at the opponent's throat. Of course, because of the two swords it is especially necessary to note the opening between the left and right. This must be studied as a different kind of the two swords posture.

(Prefer to the Japanese sword play, Page 104)

41. The Right Side-Posture of the Overhead Guard

The form in this illustration remains in the Shindo Munen School and it has not only a special feature that enables it to attack the whole left side of the opponent, but at the same time it lays emphasis on the space between the two.

(Prefer to the Japanase sword play, Page 104)

42. Entering the Opponent's Bosom with a Small Sword and Practising the Reverse to Bring Him under Control

This illustration remains in the Great Japan Sword Craft Form. The most important thing in this case is the advancement of the craftsman's left foot. Referring to other schools, in staff-craft the importance of the same movement of the foot is also noted.

(Prefer to the Japanese sword play, Page 104)

43. A Singular Posture against the Two Swords Overhead Guard

The posture shown in this illustration was used in scrambling fights from the middle of the Meiji era, but at present this can hardly be found among the practisers of the two swords. The cases in which you are to open to the right and left, and the case in which you are to retreat (commonly called the allurement) are the three methods that are left in form.

(Prefer to the Japanese sword play, Page 105)

44. Parrying with the Long Sword and Cutting with the Small One

This is a difficult craft, for you must parry with single handed the cheek blow dealt with both hands. Attention must be paid to the advancement of the craftsman, the feeling of pushing up from below, and parrying to the left side the opponent's sword that cuts downwards a little.

(Prefer to the Japanese sword play, Page 105)

45. A Singular Case upon Entering into the Opponent's Bosom with a Small Sword

Whether it is by rubbing in, or by parrying, or by unfastening, anyhow, in case you have entered the opponent's bosom the form shown in this illustration remains till today. This case should be studied.

(Prefer to the Japanese sword play, Page 106)

46. A Different Case of the Haze Posture

This case is found in the drawn sword chapter of the Shindo Munen School today. Cutting the oppenent's overhead guard from below, and

shortening the space by taking such a form against the overhead guard, are the two methods that remain now.

(Prefer to the Japanese sword play, Page 106)

47. The Two Swords' Proper Posture

The gist is to use the small sword most effectively to take the initiative of the opponent. The small sword is used to parry, drive, check, and unfasten. Besides, according to the craft practised, it is used reversely to cut, thrust, and attack.

(Prefer to the Japanese sword play, Page 107)

48. A Singular Middle Guard Case

In sword craft, when the right hand is in front the right foot should always be in the front. This seems to be very simple but in complicated forms it is quite difficult for the right to agree with the right and the left with the left, as it is quite easy for those who have studied this to understand. But, of course, attention must be paid to the fact that such a case as is shown in this illustration is adopted among forms.

(Prefer to the Japanese sword play, Page 107)

49. Dealing the Plastron Blow on Your Knee

This illustration shows the craft of dealing the opponent a blow on the plastron while kneeling down on one knee.

Although this is a contentious craft, it was actively practised at one time. It is given here as a rarity.

(Prefer to the Japanese sword play, Page 108)

50. Attacking Unexpected Points of the Opponent

Deal left and right upward blows when facing the upper guard. The

spirit of sword craft is to deal one blow and then to deal the returning blow. Just to cut once is not the proper method of the sword, you must always return your second blow. This is what I was often taught by my master in younger days. This craft shows an instance of this method. When you are mutually contending for victory facing your opponent, the mind is naturally considering the reverse of the opponent's trick. That is, it is common to think; cut the plastron the moment the opponent tries to cut the cheek, or cut the cheek or the reverse plastron when the opponent aims at the side-cheek, but if your really wish to win you must think about the reverse of the reverse, (though this is quite difficult). The trick shown in this illustration is the one that practises this reverse of the reverse by the formerly mentioned of the sword, and is one of the instances where you hit the opponent unexpectedly. We should appreciate and consider the markes of the first principle and ingenuity of the ancient's craft.

(Prefer to the Japanese sword play, Page 108)

51. Cutting the Arm, Neck, Face, or Waist from the Middle Guard

In this craft, you must turn the body to the left (there are cases in which you turn to the right, but such are exception) and drawing the right foot or without moving it you are to reversely cut the face, arm, or waist of the opponent according to his trick that changes from the middle guard into cutting the bosom, arm or cheek (head and neck). This is one of the most popular tricks that remain in the various schools, although there is some difference between them.

(Prefer to the Japanese sword play, Page 109)

52. The Case That Is Called the Water Shape

What is shown in this illustration is called the 'water shape,' but properly this is not a posture but a state advancing into a posture. At

a glance it looks somewhat like the posture 'single leaf floating on water,' but in reality it is quite different, so you had better be careful. It is needless to say, that it is the proper rule, to advance one step to the right front. It is usual for the feet to take the same position as this, in case of the reverse two swords, mentioned before.

(Prefer to the Japanese sword play, Page 109)

53. When Holding the Little Sword

What is shown in this illustration is sometimes called the non-posture d position. It shows one of the deepest mysteries of sword craft. The body does not show any aspect of offense or defense but the rule of the sword; the ideal perfection or voidness, and the native character is displayed. Regardless of time place as existence there are various changes in responding and being self-possessed having immeasurable mental energy there is no difficulty whichever method is used.

(Prefer to the Japanese sword play, Page 110)

54. A Singular Case of the Overhead Guard

This is also called the swallow meeting posture, because of the agility and swiftness in change. There is a case of taking this posture from the middle guard, changing to the right or left. This remains in the Yamaguchi One Sword School and the sword craft chapter of the Shindo-Munen School's standing craft.

(Prefer to the Japanese sword play, Page 110)

55. Parrying with the Sword

Originally, parrying was a trick frequently used when practising with a wooden sword. With a real sword three cases remain in the Tsume-Iai chapter (the art of drawing a long sword at a close distance) of the Hasegawa-Hidenobu School. They are parrying crosswise overhead, the

left and right forms of parrying with the left hand applied to the sword held vertically, and parrying the sword which aims at the leg, as in this illustration. In this method parrying is done with the flat of the sword, and sufficient strength is necessary only to repulse the opponent's force. Of course, this craft composes many tricks such as: dealing a blow by rolling in the opponent's sword without moving, taking hold of the opponent's hilt and thrusting the sword held horizontally into his breast while drawing him near, or cutting the cheek from this position. In short, it is proper to think that the essential point of parrying is to ward off the opponent's sword.

(Prefer to the Japanese sword play, Page 111)

56. The Position of the Sword Point of the Middle Guard Men Confronting the Overhead Guard

There are five limits in the attack of the overhead guard.

Accordingly, in sword craft thoughtless use of it is forbidden. But, the overhead guard is often used in case of the bamboo-sword in which one hand is free. With the real sword as shown in this illustration, you are to take the posture of holding the sword right over your head, (commonly known as the double handed overhead guard) and step in.

The single handed trick has no effect here. When confronting this posture it is proper that the sword point of the middle guard should aim at the opponent's left palm and the top of his head with the intention of suppressing him.

Look carefully at the middle guard postur. and the position of the sword point, shown in this illustration, and try to perceive the above facts. Again, in using the bamboo-sword you are to aim at the left palm when the left overhead posture is taken, and the right palm when the right overhead posture is taken. In both cases it is necessary to have the feeling to suppress the opponent with your own bamboo-sword that is situated lower.

As an exception there is a case of confronting with the leftside-lower guard.

Also there are different arguments concerning the position of the sword point, but this is due to the difference of opinions according to the charactors of the practicers, and these vary from the general rules of old.

(Prefer to the Japanese sword play, Page 111)

57. The Instant the Small Sword Scrapes Down the Long One

The most important task of the small sword is to turn aside the opponent's weapon from your own body. The instant of advancing into the second trick, right after perfectly thrusting aside the opponent's weapon is shown in this illustration. The most important thing at this instant is the repletion of the whole body.

(Prefer to the Japanese sword play, Page 112)

58. The Single Handed Thrust

To thrust in this case means to pierce through. So to achieve this purpose the waist and the left wrist especially need the utmost care. To kill the opponent confidently, with a single thrust is satisfactory as an ideal, but judging from its nature I believe it is quite difficult. Without sufficient training in the craft and self-confidence the act is certainly a very difficult one. Especially the single handed thrust, as explained before, is dangerous. Such being the case, to expect soundness in the craft both hands are necessary. With the bamboo-sword the single handed thrust is often exercised, but this must be due to the means, naturally changing according to the weapons. Frobably, this is the outcome of necessity. Men of old were taught to aim at the breast instead of the throat and perhaps, this is the only maxim for students of the sword.

(Prefer to the Japanese sword play, Page 113)

59. Holding the Sword Low Against the Middle Guard

This illustration shows the low guard confronting the middle guard. In appearance the low guard seems defensive rather than offensive, but the actual condition is not always so. It is rather quite the same with the overhead guard considering the resolution of the mind which opposes the opponent by taking the initiative. The feature of the low guard is to check the advance of the opponent's feet while protecting your own. This is commonly spoken of as a hot press on attack. It is impossible for the opponent to cut into the low guard, so this posture is frequently used to confront the overhead guard. Also the form remains in every school. Thus it is not hard to realize the importance of this posture.

(Prefer to the Japanese sword play, Page 114)

60. Cutting the Cheek with Both Hands

It may not be necessary to explain that cutting the cheek with both hands is the same as cutting it single handed (cf. Cutting the Cheek Single Handed). As this craft is practised after stepping inside the opponent's space, (cf. The Space Chapter) it is a trick accompanied with much difficulty and strain. First, considering the opponent's weapon and turning aside from its central point you must make an assault, but this action requires the utmost care. Accordingly, if you are not aware of the movement of the opponent's body, that is, the change to the front or back and the breadth and speed of the opening to the left or right, the instant you jump in, you might reversely be defeated, so it is most important to have full knowledge beforehand of the opponent. Again, whether your sword or bamboo-sword can describe a circle or a semicircle within the space, or whether you can deal a blow or not, according to the change of the opponent's sword is transmitted in the Tachi-Iai (the art of drawing a long sword standing) of the Shindo-Munen School.

Also in the Drawn Sword Chapter of the same School it is recorded that cutting the cheek with both hands to cut the opponent is notch-like.

(Prefer to the Japanese sword play, Page 114)

61. Parring the Opponent's Blow with a Cross

The posture in this illustration shows parrying with a cross made by two swords. This was initiated by Miyamoto-Musashi, and is noted for using the two swords most reasonably.

The special feature of this trick is that the long sword is used, instead of the small one, in the return blow.

The exquisiteness of parrying, not only against swords but especially against spears, has been studied very deeply.

I had often seen this trick practised against the spear until the middle of Meiji, but at present no one uses it. Again in this craft there is a trick of thrusting into the bosom or legs of the opponent keeping up the cross posture, and I think this is a point worth of study. The trick of breaking this cross posture is now found in the art of the Shindo-Muso School.

(Prefer to the Japanese sword play, Page 115)

62. The Case of Chafing Down

Originally, the spirit of the small sword is 'preparation without a sword.' Consequently, the tricks are used only when they are really necessary. The most important point of the craft is to use freely the three methods; parrying, opening of the body, and chafing down.

(Prefer to the Japanese sword play, Page 116)

63. Low Guard Posture with the Small Sword

This illustration shows the low-guard entering posture with the small sword of the Great Japan Sword Craft Form. Documents concerning the

small sword are really very rare so it is very difficult to know the methods of old. As they wear small swords in the Military Toyama School and the Naval Academy, they study this, in a practical manner, we are longing for crafts worth expectation to appear.

(Prefer to the Japanese sword play, Page 116)

64. Changing to the Left from the Reciprocal Middle Guard and Cutting the Opponent's Cheek

In form, you are to open to the left the opponent's two handed thrust, and cut downwards. But in the sword-play chapter this is explained as a craft cutting downwards from the opponent's shoulder near at hand.

(Prefer to the Japanese sword play, Page 117)

65. The Middle Guard against the Right Side Lower Guard Posture

This craft is left in many forms. In this case the life of the movement of the sword is in cutting upwards from below while turning the sword.

(Prefer to the Japanese sword play, Page 117)

66. A Singular Case of the Craft of Drawing the Sword

This illustration shows the utmost of the craft. This is a craft prominent in the Omori, Hasegawa, and sword-playing schools. It is shown here as an example.

(Prefer to the Japanese sword play, Page 117)

67. Dealing the Reverse Plastron Blow

Special feature of this trick remain in the seventh part of the Drawn Sword Chapter of the Hasegawa-Hidenobu School's Iai-Zume. Of late, rough-and-tumble with bamboo-swords are popular, so applications of this trick are equally so. But as the regular form can seldom be seen, this illustration is here inserted. Men of old have taught us to be prepared to advance with the mutual-striking spirit when practising this trick. Originally, in the plastron craft there were three methods, the regular, the reverse, and the front. In the Geat Japan Sword Craft Form the regular craft remains. The regular plastron blow was very popular before, but of late it is quite out of fashion and no one uses it.

(Prefer to the Japanese sword play, Page 118)

68. The Middle Guard

The middle guard (also called the *Seigan*, aiming at the eye posture) is free either to attack or defend, and is a posture with boundless application.

(Prefer to the Japanese sword play, Page 119)

69. An Exceptional Two Swords Case

When you deal the reverse plastron blow in this exceptional case, of the formerly mentioned general rule of the raising and lowering of the two swords, it will be warded off and reversely the opponent's sword will cut straight down aiming at your head.

(Prefer to the Japanese sword play, Page 119)

70. Thrusting the Opponent Who Is at the Back

This illustration shows the case in which you thrust the opponent who is at the back the instant you turn around from advancing. The spirit

of the trick is the same as that already explained in the case of cutting the opponent in the rear, so please refer to this illustration for information. It is very necessary not to put too much strength in the left hand and grasp the mouth of the sheath lightly in the direction of sword, the instant you loosen the sword when dealing a front blow or thrusting backwards.

(Prefer to the Japanese sword play, Page 120)

71. Cutting the Same Place of the Opponent That the Opponent Wishes to Cut

There is a method among those commonly in use now. When the opponent advances to cut your wrist, you are to ward this off, opening your body to the left, and reversely deal the opponent a blow on the wrist. This is also found in the Great Japan Sword Craft Form.

When in a confused fight with bamboo-swords, you sometimes counter-plot the opponent's craft by the plastron against plastron and the thrust against thrust.

This is quite an expressive craft and when practising this, there are three ways of moving the sword. That is to say, when opening your body to the left:

1. you lower the point of the sword,
2. you raise it aslant to the left,
3. or you ward it off horizontally.

And as all of these must change according to the occasion you cannot make selection of them beforehand.

(Prefer to the Japanese sword play, Page 120)

72. The Reverse Case of Dashing in with the Small Sword

This illustration shows the case using the reverse of the dash-in with

the small sword. Prefer to the chapter concerning the efficacy of the small sword previously mentioned, and try to acknowledge the meaning of the case.

(Prefer to the Japanese sword play, Page 121)

73. Checking and Parrying with a Small Sword the Opponent who Advances to Deal a Blow

The illustration shows how to check and parry with a small sword the opponent who advances to deal the regular plastron blow. This form is of the old school, and as the application of the small sword is apt to be istaken, therefore observe the illustration carefully. And in applying his it is needless to say that agility and swiftness are necessary in the movement of the body.

(Prefer to the Japanese sword play, Page 121)

74. An Example of the Small Sword Craft

This is the method of finding the unguarded point of the opponent by applying the reverse of the left hand when you are very close to him. The gist of this craft is to pierce the face of the opponent from below, and this is very advantageous when practically used. We are waiting for yoür further studies.

(Prefer to the Japanese sword play, Page 121)

75. The Left Side Lower Guard

Refer to the formerly mentioned :

I must add, for caution's sake, that the spirit of this craft is the same as that of the overhead guard.

(Prefer to the Japanese sword play, Page 122)

76. Cutting the Cheek with the Long Sword after Checking and Parrying with the Small Sword the Opponent Who Advance to Cut the Regular Plastron

The explanations will be omitted, so refer to the two swords method, previously mentioned. But, take care to use the flat of the sword when checking and parrying the sword of your opponent with the small one.

(Prefer to the Japanese sword play, Page 122)

序文

「昔の劍技」と題して今茲に連續して掲載しようとする數章の教課は、第十六世紀から十七、十八世紀に亙つて出版された幾多の著書から編纂したものであるが、余が當初の計畫は、徧く學劍の士に購求に困難を感ず書、或は難解なる諸外國の文書に、捜索の煩を勞することなく古來から傳へられた諸法に接せしむるやうこの教課を配列することになつたのである。

世間には劍の研究を以つて實用に適しないものとして、嘲笑を敢へてするものもあるが、本書は、形式の如何を問はず、凡そ劍に興味を感ぜしむるものは、斯術に有益なるものとして、これを採錄した。

乃ち「長劍」「短劍」「兩手劍」「闘劍」「手楯」のやうな競技は通常行はれてをる「刀劍の襲撃」のやうに單調な技法とは異り、いづれも潤色を施こされたものである。

また「混合」は演劇舞臺上の劍闘の型として極めて有用であることは先刻御承知のことであらう。

とまれ、私しは、學者が意を古代劍術の研究に注ぐに先立つて、讀者諸君が堪能なる師範の教導下に近世武器―試合刀と軍刀―の使用法に相當熟達してをらるるものと豫測する。

アルフレッド・ハットン

第一章　緒　言

歐洲に於ける劍道は四つの時期に區別をしてこれを考へることが出來る。そして其の間に於ける變遷の一半は、武器の形によつて影響され、他の一半は武器そのものと等しく服裝の變化によつて影響されてをる。沙翁時代乃ちチユーダー王朝時代—第十六世紀—には當時の流行の服裝原因として、長劍は取扱に不便なため、外套のやうな全然防禦用の武器か、短劍のやうに攻防兩勢を兼ねた武器が殆んど常に一緒に携帶されるやうになつてをつた。そしてそれ等の補助的武器は左手にこれを携へてをるのが平常であつて、その動作は極めて簡單であつたのである。

第二期、乃ち最も興味のあるステユーアート王朝時代は過渡の時代であつて、短劍は裝身の具として流行の圈外に墮し西部歐羅巴に於ては、美しい長劍は短い步行用の劍に、漸を逐うて變りつゝあつた。然し步行用の劍が一定の形態を整へたのは次の時代であるが我が劍道の始祖である伊太利人は依然としてその舊態を固守してをつた。劍に於ける形ちの變化は突飛的にその用法を變改して、それ以來他に類例のない二大流派、伊國流と、佛國流とが起つたのである。

以下述ぶる處の者は主として佛國流であるが、輕く短い劍の型が漸次改善せらるゝに從つて、その使用法も亦精密と優美を加へて、第十八世紀の中葉に至つて其の完成を遂げたと云はれてをる。初代アンヂエロが、有名な二ツ折判の書冊を公にしたのは實にこの時であつた。この時代の著書の內容に就いて、特に吾人の注意を惹いたのは、師範者が對手の刀を奪ひ取る詭技の數々を徒弟に教へたと云ふ一事である。現代に於ては相手の武器を取るといふことは亂暴な作法と見做されて普通許されてゐないのであるが、當時は、佩劍を紳士の服裝には缺くべからざるものとしてをつたので、對手方の武器を奪ふといふことは、毎日のやうに行はれてをつた、街頭や酒舗で起る鬪爭の際その武器を奪ひ取るといふことは多數人名の救助になつたことは疑ふの餘地がない。

前世紀（第十八世紀）の中頃に到つて、針金入面覆《ワイヤーフエンシングマスク》がはじめて創造されたのであつたが、師範者側の反感を買つて、それが一遍に使用されるやうになつたのは可成りの年月が經過してからであつた。

針金入面覆《ワイヤーフエンシングマスク》の採用されない前の劍術は莊重にして且つ古典的な一面を有してをつて、その動作も緩漫であつた。假令ば、敵が尖を受けてその衝動から回復しないあひだは、敵の顏面を傷ける虞れがあるといつて、これに反撃《リポスト》を加へないことを以て禮儀として居つた。

然るに今世紀の初期に至つては、こういふことは一變してしまつた。卽ち師範者の一人が重大な危險に遭遇してから面覆に對する觀念が一變してしまつたのである。そしてそれからといふものは有名な諸教士は言ふまでもなくジヤンルイ、ゴマーし、コルデルア等いふ人達の指導のもとに尖劍術の發達は漸次その頂點にと進んでいつたのである。

第二章　兩手劍

この武器は、英國流の「長劍」なる名稱を以て知られてをる戰鬪用の兵器として、一方面を占めるものである。我がヘンリー八世王の寵器であつて、王が運動家であらせられた當時、金衣の野（一九二〇年六月七日から二十五日まで、佛蘭西のパド・カレー省の一地點で、英佛の兩國王が御會見の際兩王家の儀裝の美しかつたことに贊嘆した當時の人々が、その名に因つて命名した地名―譯者記）に於ける擬戰闘技にこの劍を用ひたいと提議せられたときフランシス一世はこの劍の與へる打撃に對して、手を保護するに足りるやうな強い籠手《ゴーントレット》が製られてゐないといふことを理由として其の使用を拒まれた。

以下述べるところの教課は、マロツツオ（一五三六年刊）デイ・グラツシ（一五七〇年刊）ジョシムマイヤー（一五七〇年刊）ヤコツプスートル（一六一二年刊）及びアルフイエリ（一六五三年刊）の著書から編述したものである。扱方は自著「コルドステール」（冷鋼）を以て一八八九年に世に紹介した「大杖《グレートステック》」の方法に酷だよく似てゐる。應用の典據は伊太利にある。そしてこの典據が第十六世紀の兩手劍技の保存に實際貢獻したのである。兩手劍を帶用する方法はアルフイエリ（第一圖）に據るのを一番良ろしいとしてゐる。尖端を上に向けて把柄《グリツプ》の中程を左手で握んで刀身の平面を肩に當てるのである。そこでこの劍は兩刀であることはくれぐれも記憶しておかなければならない。

敬禮（第一圖　第四十五圖）

一、右手を體の左の方に廻し鍔《キヨン》に近く柄を握る。
二、體の前に垂直に劍を持つて鍔《キヨン》を口と同線上に置く。
三、劍を體の右側に廻し地上から約四吋、前の方に劍頭を下げて、右足を約六吋後の方へ引く。

四、體の右側で直立の位置に劍を上げる。

五、體の左側へ劍を廻して行進の姿勢をとる。

防禦《ガード》

マロツツォの好きな交叉防禦法《エンゲーヂングガード》は圖解（第二圖）でわかるとほり彼れの「頭の防ぎ《グアルデーアデイテスク》」である。アルフイエリも亦之によく似た方法を用ひてをつた。第四姿勢（第三圖）と第三姿勢（第四圖）が用ひられる。

切り《カット》

切りに六つ方法がある。その一は頭の側面又は肩を斜に下の方へ。次の方法は同じ箇所を上の方へ。三の方法は水平に、通常横腹を。孰れも敵の左側を目指すときは（左撃と稱し）右足を前の方に出し、右側を目指す時は（右撃と稱す）左足を前の方に出す。

廻轉

兩手劍を巧妙に揮ふとするには六つの廻轉法が絶對に必要である。而して之れが練習の際は注意して兩手を充分に前方に差出して長い鍔《キヨン》の腕に絡らむのを避けなければならない。六法は左の通りである。

其一

動作一――劍を持つた兩腕を延べて劍尖を前方的上《ターゲツト》の對角線(1)の少しく上に向け、右手は鍔に近く、左手を柄頭《パンメル》（つかさき）に近く劍を握る。

動作　其二

動作二―刄を先にして劍を下げ對角線に沿うて、右から左へ丸く拂ひ、左側に近く劍を引いて、圓を畫き終れば前方へ持つてくる。

其　二

動作一―前のやうに兩腕を延べ劍尖は對角線(2)の正しく上に在らしめる。

動作二―同樣の圓を畫く。劍尖は左から右へ對角線を横切つて右側に近く來らしめる。

其　三

動作一、劍を持つ兩腕を延べて劍尖は線(3)の直下に在らしめる。

動作二、斜に上方へ切り劍が的を通過した後右側に近く圓を完結させる。

其　四

此動作は前の動作と同樣であるが、劍が左側に近く圓を畫き左より右へ上方に對角線に過る點に於て相違してをる。

其　五

動作一、僅に線(5)外に劍尖を向け兩腕と劍を延べる。

動作二、水平に圓を畫く、其の爲に劍は右から左へ線を横切つて圓の後半に於ては頭の頂點を僅に離るゝのみである。

其　六

此の動作前條の動作と同じである。只劍は左から右へ圓を畫く。

注意、劍の廻轉運動は一方の手を以てする引く動作と他方の手を以てする押す動作に依つて大いに助けらるゝのである。

受　け

實際の場合には古昔の著作者が用ひた陳腐にして不便なる用語よりも、左の近代語を以てする方が便利である。

古　語	近　代　語
（略）	第四姿勢（第三圖）
	第三姿勢（第四圖）
	第七姿勢（第五圖）
	第二姿勢（第六圖）
	第一姿勢（第七圖）
	第八高姿勢（第八圖）

最後の二動作は兩手をマロッツォ著書中の木版に示されたものよりも高く上げて劍尖はそれよりも下げた方がよい。

左側は

第四姿勢―は左頰又は左肩の切（1）を防ぐ。

低四姿勢…は左側の切（5）を防ぐ。

高四姿勢…は頭の左側に於ける水直の切を防ぐ。

第七姿勢…は左側からの脚の切りを防ぐ。

右側にては、

第三姿勢―は右頰等の切（2）を防ぐ。

低三姿勢―は右側の切（6）を防ぐ。

高三姿勢―は頭の右部に於ける垂直の切を防ぐ。

第二姿勢―は右側からの脚の切を防ぐ。

第一姿勢と高八姿勢は頭の左右側に於て劍を越して下だされる反撃《リポスト》に對する補助的防禦法である。

「混合《コンビネーシヤン》」

防禦の諸法を心得且つ「廻轉」の作業を容易に行ふことが出來るやうになつたら直に次の混合動作を實習すべきで、此の動作は演戯上の格鬪又は「武器」の「襲撃」の成形とに有益である。かゝる場合實際に必要な事業上武器は「自由」よりは寧ろ「形」を重ずる演戯に危險を伴ふのでこれを避ける。

其第一

Mより始め「パス」を重ねて進みPを六回「切る」。Pは「パス」を重ねて退き六回「防」ぐ。

逆行（同じき動作をPから起す）

「パス」敵を刺さんと企つる場合の運動。當十七世紀に於ける「パス」の意義本譯文76頁に出づ。

其第二

M	P
(1)を「切」る。	第四姿勢を防ぎ。(2)を上より切る。

逆　行

其第三

M	P
(2)を「切」る。	第三姿勢を採り(1)を上より切る。

第一姿勢

逆　行

其第四

M	P
(1)を「切」る。	第四姿勢(2)を上より切る。
高第八姿勢。(6)を切る。	低第三姿勢(1)を上より切る。

第一姿勢

逆　行

其第五

M	P
(1)を切る。	第四姿勢(4)を下より切る。

高第八姿勢
低第四姿勢　第三姿勢(5)を切る。

逆行　其第六

(1)を切る。　第三姿勢(1)を上より切る。
第一姿勢(5)を切る。　低第四姿勢(2)を上より切る。
高第八姿勢

逆行　其第七

(3)を切る。　第七姿勢(1)を切る。
第四姿勢(6)を切る。　低第三姿勢(1)を上より切る。
第一姿勢

逆行　其第八

(4)を切る。　第二姿勢(2)を切る。
第三姿勢(5)を下より切る。　低第四姿勢を上より切る。

高第八姿勢

逆　行

第三章　長劍《レピアー》、短劍《ダッカー》

「長劍短劍」法の當時の武器に對する位置は恰度今の試合刀のそれのやうなもので、補助刀を左手に使ふ諸法の最も完全に發達したものである。此劍法に相當熟達した者は、稍年代の早い「長劍手楯」「長劍」(又は)「短劍外套」尚一層難澁な「双長劍」等手楯技に用ふると同形狀の双劍を一本宛左右の手で使ふ劍法を容易に習得することが出來る。大なる「鍔《キヨン》」と「返對鐔《カウンタガート》」とを有する（後者は後世杯の形を取つた）長き双刄長劍《レピアー》は右手に持つて食指を「鍔《キヨン》」の上に横に置くのである。往時は劍術に刄刀が用ひられて何等疑を挿むものがなかつたが、それは快速にして致命的なる劍尖に徐々に代つていつた。

故に今本劍法を復活するに當つて、吾人は專ら純然たる尖技を事として、刄は之を「長劍手楯《ソードバツクラー》」の劍技に委ねる事としたい。それは該技に刄刀が最も重要な役割を演ずるからである。

防《ガー》ぎ《ド》

防ぎの姿勢は四個あるが孰れも單に攻撃開始前の劍の位置で右足又は左足を前進して之に就くのである。

第一姿勢　此は拔劍後直ちに自然に手の占むる位置である。柄は頭上に刄は上向き尖は敵を指す。（第九圖）

第二姿勢　手は肩と水平に俯（仰の反對）し腕は大部分延ばし尖は水平に（第九圖）

第三姿勢　手は腰と同じ高さに、俯し、尖は敵の顔と同線に、刄は右の方へ斜に下へ向ける。（第十圖）

第四姿勢　手は腰と同高、仰ぎ、尖は敵の顔と同線。（第十圖）

アルフィエリは第三第四の中間防禦の姿勢を創めたり。（第十一圖）

突き《スラスト》

突は左の三法とす。

インブロカッタ　第一姿勢の位置より敵の劍の上に下す。

ストカッタ　短劍の下に

プンタ・リベルサ　第四姿勢の突きの誇張された形にして敵の劍の外側か又は劍の双劍の間に下す。

以上の形の攻擊は臨機に足を少しも動かさず又は「パス」（突の一種）然らざれば「ランヂ」（突の一種）を併せて行ふ。

佯擊《フェイント》

佯擊は其法極めて少い。短劍では「パリー」の最簡易なる形だけが使用可能である故である。

其動作はアンダーエンドオバー（第十六圖）及二オバーエンドディスエンゲーヂ（第十二圖）中間は卽ち對手の武器の中間を擊つのである。

受止め《バリー》

短劍を以てのパリーは高外側には第三姿勢（第十六圖）を低外側には第二姿勢を高內側には高第四姿勢を、低內側には低第四姿勢（第十四圖）を用ふ。尚短劍は以上四姿勢の孰れを占むる敵に對しても其劍を制厄するに用ひらるゝのである。

同體《コールザコール》の時は俄然長劍を放棄し右手を以て敵の左手を捉へ直に短劍を以て敵を撃つ方往々有利である。

混合

M	其一	P
短劍の上より突く		第三姿勢を受け。下を突く。
第二姿勢		
	其二	
用器の間を刺す		低第四姿勢。第一姿勢で上より刺す。
第三姿勢		
	其三	
下を刺す		第二姿勢を受け。下を刺す。「パス」して短劍を刺す。
第二姿勢		
	其四	
用器の間を高く刺す		高第四姿勢で受け低く刺す。
第二姿勢		「パス」して短劍を刺す。

此様式の劍術は「長劍短劍」に比らべると一層古代から行はれてをつたのであるが、後者の流行に遇うて忽ちに消滅したのである。

第四章　「濶劍手楯《ブロードソードエンドバックラー》」

劍《ソード》は稍短い双刄で、直刄擬刄の孰れかで「切り」、尖頭は殆んど用ひない。長劍《レピアー》のやうに食指を「十字鍔《クロスガード》」に懸けて之れを握るのである。手楯は小さい丸い楯で最大の直徑十四吋、此楯は左拳で持つて、如何なる場合にも腕上に載せることを許さない。「スパイク」(大釘狀物)の取付けある時は敵と接戰の際叉パイクを用ふるのである。

構《ガード》へ

試合を開始せんとする時は左足を前進し手楯を體の前方に保つて、腕は延ばすも硬からざる様にして、劍は體に近く體の稍下に保つを要す。(第十七圖)

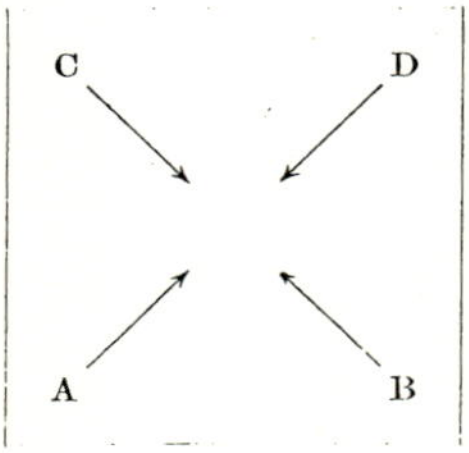

モロッツオは攻撃を目的とする劍の構へ二段を示した。連續的に此構へを爲すを進行技と云つてをる。其動作は極めて綺麗で繪畫を觀るやうである。格鬪に先つて「劍の試」として演ずるのである。鬪士がＡＢＣＤの四人なる時は演臺の四隅に其位置を占めＡＢの兩人は觀客に最も近き位置に就く。時間の指圖を爲すＡからの合圖で四人は右足から始めて中央に進みＡはＤに會ひＢはＣに會ふ。

一歩毎に次に示す通りの構へを作る。四人が中央に會ふ時は各其對手に敬禮を爲す。

其順序は先づロと同線に柄を上げ次に前方へ向け極めて高く劍を延ばし腕は正直線に保つて、凡ての劍尖が中央で交叉する樣にする。其後は四人とも劍尖を下げて一歩退き、同時に劍の背を以て對手の楯を二回打つて、Aは觀客に近くBと戰ひ、Cは其後方にてDと戰ふ。時間盡くれば司宰者は第一にCとDとの演技を停め、次に右の兩人に伴はれてABを停め、斯くして四人は相共に退場する。

マロッツオの「進行」

一、右足を前に、手は第四姿勢を取り手楯は延ばす。（第十八圖）

二、左足を前に、手は低第三姿勢を取り手楯を顏に近づく。（第十九圖）

三、右足を前に、腕を右方に高く延ばし手楯を延ばす。（第二十圖）

四、左足を前に、手は低第三姿勢を取り手楯は左右前面へ延ばす。（第二十一圖）

五、右足を前に、手は低第四姿勢に手楯は顏に近く。（第二十二圖）

六、左足を前に、腕は右方に低く延ばし手楯は左方へ延ばす。（第二十三圖）

七、右足を前に、劍尖は高第三姿勢を以て前方に上げ手楯は低く中央に。（第二十四圖）

八、左足を左方前面へ、腕は仰向けて延ばし手楯は左方前面へ。（第二十五圖）

九、右足を前に、手は近代の禮儀に於けるが如く下ぐ。（第二十六圖）

十、左足を前に、劍は懸け構の形に稍右方へ延ばす。（第二十七圖）

十一、右足を前に、手は伏せて前方へ伸ばす。（第二十八圖）

十二、右足を前に、腕は懸け構の形に、稍右方へ伸ばす。(第二十九圖)

劍を差延ばす時は手楯を手許へ引き、楯を差伸ばす時は劍を手許へ引く。

攻撃《アッタック》

攻撃は双刄の孰れかを以てなる「切り」に依つて行ふ。劍尖は用ひぬを宜とする。足を動かさずして、「パス」にて行ふも「ランヂ」にて行はず「アッタック」の行はれたる當時は未だ「ランヂ」の發明がなかつたのである。

現代と同じく六種の主要なる「切り」がある。內三種は「左撃」で三種は「右撃」である。

(1)右より左へ下方へ斜に
(2)左より右へ下方へ斜に
(3)右より左へ上方へ斜に
(4)左より右へ上方へ斜に
(5)右より左へ水平に
(6)左より右へ水平に

垂直の「切り」も往々用ひられる。

擬刄は「切り」(1)にて首の後部に、(5)で左腕の左側又は後部に、又(3)で左腕の後部に當てる。最後の場合は「ジヤーナックの一撃」として知らる直刄を以て(3)(4)の切りを行ふ、又は膝又は膝下を切るのは吾人の許さゞる處である。重傷を負はす危險があるからである。

受け《パリー》

手楯の防禦的動作は左の如く近代語を以て示す方が可しい。

第三姿勢　手楯を左前面へ上げて(1)切りを受止る。

第四姿勢　手楯を右前方へ上げて(3)切を受止る。

第二姿勢　手楯を左前方へ垂らして(3)切を受止る。

第七姿勢　手楯を右前方へ垂らして(4)切を受止る。

(5)及(6)の切は低第三姿勢及低第四姿勢を以て受止める。「ジヤルナツクの一撃」に對抗するのには左足を退け第二姿勢を受止め同時に前腕に垂直の切を與ふるを最善の法とする。

劍士が左利の時は前記動作の逆を行ふ。

混合

M	P
其一	
(1)切	第三姿勢を受止め(1)切
第三姿勢を受止め(5)切	第三姿勢(2)切
第四姿勢を受止る。	
其二	

(2)切
第二姿勢を受止め(5)切
第四姿勢を受止める

第四姿勢を受止め
「ジヤーナックの一撃」
低第三姿勢(2)切

其　三

ジヤーナックの一撃
第三姿勢を受止め(5)切
第四姿勢を受止める。

第二姿勢を受止め
(2)切、第三姿勢(2)切

第五章　長劍外套（無袖）

此劍技に於ては外套が防禦用の武器として手楯は短劍に代はる。外套は肘を覆ふ様に二度左腕に卷き付け、襟は左手に握る、外套の末端は腕上を越えて腕の外側に襞を成して垂れ下る様にする。此襞を以て（腕上に在る部分は決して用ふべからず）各種の攻擊を受止めるのである。（第三十圖）

外套投げ

敵の顔面又は劍の上に外套を投げ付けるといふことは時宜に適した好手段である事がある。マロッツオの教示するところは左のとほりである。

低第三姿勢で劍を持つて立ち、外套の襞を弛める間、敵に向ひ二三回の突きを佯りを裝ひ、次で劍尖を外套の下に入れ斯くして劍の援助を以て敵の顏面又は其持てる劍に向け外套を投げる。(第三十二圖)

昔時の劍士は往々防禦の目的を以て左腕上に柔革の大籠手を帶びてをつたが是は肘より上部を覆ふ、其用法は疑もなく外套又は楯に等しいものであるが諸師範の著書中には之に言及したものが甚だ少い。

第六章　短劍外套

マロッツオの用ひた短劍は大なる兩刄劍で「切り」にも「突き」にも適する程に十分重いものであつた。肝要なる一點に就いて彼は、深刻なる警戒の文字を用ひて「ダツガー（短劍）は極めて短い劍であるから極度の危險性を有しをる。最も注意して看視するを要す。故に敵の劍手は須臾も目放すべからずと」云つてをる。外套は劍に伴ふ場合と同じ方法で着用し取扱はるゝのである。(第三十三圖)

敵の隙を得んが爲め短劍を以て佯擊する事も出來、又受止と反擊の方法を豫め決定して置いて、敵の攻擊を誘ふの目的を以つて外套によつて隙を見ることも出來る。「短劍外套」に關する左記動作はマロッツオの著書からの拔萃である。

一、頭部の左擊又は高きを誘はんが爲めの第四姿勢で短劍を持ち右足を先へ出し外套は稍低く持つ。而して敵が誘に應じたる時は、外套の襞を敵の劍に對抗《オッポーズ》させ左足前進して敵の右側に第四姿勢の突きを加へる。左足を後退し元位置に復し前通りの構を爲する。

二、左足を以て敵の右足の外套に大斜「パス」(第八章「パス」の項參照)を作つて外套を以て敵の劍腕を包み、而して其頭に「突き」又は「右撃」を與へる。三四歩後退して元位置に復し前の構を爲する。

三、外套を下げ其上邊に隙を見出し、敵が撃つて來たら「パス」上の敵の手に左撃を加へる。

四、左足を前進し第三姿勢の構を爲して立ち、少しく右側へ外套を持つて行き、左側に隙を見出し、敵が襲撃してきたら、其短劍を充分左側へ引寄せ、右足を前進し敵の顏面に劍尖の「突き」又は「右撃」を與へる。三四歩後退して元位置に復すべし。

第七章　兩　長　劍

此れは左右の手に各一本づつ持たれてをるから同一の鞘に收めらるゝ一對の劍といふ意味で、用法は手楯技のそれと稍似てをる。此劍法の練習はマロッツオ、ディグラッシ其他の推奨するところで、其理由は此劍法は習得困難なるに加ふるに、之を理解する者が極めて少いので、試合場裡、嚴肅なる競技に用ひて非常に有益であると云ふに在る。マロッツオによれば闘士は最先の劍を第四姿勢に他の劍を其三姿勢に持ちて開技するのである。(第三十四圖)然るにディグラッシは稍異りたる姿勢を慫慂してゐる。後方の劍を第一姿勢の一種にて持ち、他の劍は手を體側より少しく前に出し低く持つべしと云つてをる。ディグラッシは最先の劍を以て敵の孰れか一方の劍を見當《ファインド》てて之を制壓するのに重きを置き、最先劍は通常防禦に用ひ、時に佯撃に用ひ眞の攻撃は他の劍を以て「パス」の行程中に行ふ。

×此語本章の末に見ゆ

「間」なる語は中間の部分即兩劍の間を意味す。

受け《パリー》

受けは實質上近代のそれに同じである。主たる相違は稱呼に在る。故に此技を敍述するに當つて余は大部分は方今理解せらるゝ名稱を用ひよう。乃ち外側を保護するに第六又は第三姿勢及び第八又は第二姿勢がある。(昔人は眞刄擬刄を無差別に使用した)而して內側を援護するに第四第七及必要の場合は第一姿勢がある。

兩長劍に關するマロッツオの教課は左の通りである。

一、構《ガード》へ　左足前進　右劍を第三姿勢に、左劍を第四姿勢に

M

左劍上に隙を見せ

右劍を以て敵の左腕下に擬刄の「切り」をする。

P

左劍を以て第二の姿勢を受け右劍を以て敵の面に劍尖を返す。

M

左劍を以て第六姿勢を受け右劍を以て敵の面に劍尖を返す。

後方へ退いて元の位置に復し兩劍を敵に向けて伸ばし、尖端を交叉させる。斯くして再び構への姿勢を取る。

二、前の如く構へる。

M

左脚に隙を示す

左剣を以て第八姿勢（又は第二姿勢）を受け、右剣を以て左頬の左撃又は「ジヤーナックの一撃」又は剣尖を返撃として加へよ。

P

右剣を以て左腿に左剣撃を加へよ

注意　若しPが腿に右撃を以て切りつけた時は第七姿勢を以て受止むるを要す。
「ジヤーナックの一撃」を受止むるには第二姿勢を最善とする。

三、右撃を誘ふには前の如く構へ

M

右足を進めよ。

左剣を以て低第一姿勢を受止めよ而して右剣を以て敵の右頬に右撃を與へよ。

前の位置に復せ

P

右剣を以て敵の右腿に右撃（4切）を切れ。

四、前の如く構へ

M

P

左劍を以て「間」を伴つて衝き右足を「パス」し
右劍を以て「ジャーナック」を與へよ。
前の如く元位置に復せ。

右劍を以て第二姿勢を受止めよ。

五、前の如く構へ

M

左劍を以て敵の左腕に「間」の右撃を與へ右足を
「パス」し右劍を以て體側劍尖を又は脚に左撃を
加へよ。

P

前の如く元位置に復せ。

六、前の如く構へ

エンゲーヂの邦譯75Pに載せ置く。

M

左劍を第三姿勢に廻しそれにて外側より敵の左劍
と交戰し敵の頭へ向け敵の劍を越えて突きを裝う
て「パス」し而して右劍を以て敵の腿に左撃を與
へる。

P

左劍を以て第二姿勢を受止むべし。

七、前の如く構へ

M

左劍を以て前進せる手に擬刄の佯擊を加へ「パス」し右劍を以て腿に右擊を與ふべし。左劍を以て第四姿勢を受止め、右劍を以て左頰に右擊を與ふべし。前の如く元位置に復すべし。

P

左劍を以て第七姿勢を取止め右劍を以て敵の右頰に右擊を返せ。

左劍を以て第六姿勢を受止むべし。

第八章　過　渡　期

第十七世紀中短劍は徐々裝身具として流行に適せざるやうになり、西部歐羅巴に於ては確に長劍も變遷を免かれず卽長さに於て著しく減殺された。短劍はルイ十四世の治世一六六〇年頃迄は未だ一般に採用されなかつたが武器の形態上の此變革は佛國の範士をして新器に適する競技の一新派を發明するの必要を感ぜしめた。第十七世紀劍道に關する諸著作中一六八六年刊行のウェルネッソンドリヤンクールの著書は最も代表的なりとされてをる。彼が基礎典範とするところのものは現代のそれに酷似してをるが幾分舊長劍技の形を遺してをる。特に左手を防禦に當る點に於て然りとする。劍は多くは長くして平均を失し爲めに範士は事實其徒弟に時には左手を以て刀身のフォード（最も强き部）を持ち斯くして兩手を以て劍を扱ひ劍手（右手）の負擔を輕くするやうに敎へた。（第三十七圖）構へ（ガード）は現時のそれと略似たるものではあるが、體の重みを全部左足に投げ右足は殆んど眞直として、其の心持は可及的に敵の武器の達しないやうにするに在る。左腕は現時のやうに高められてはあるが現時よりは一層彎曲され手は顔に近く保たれ必要の場合は「受け」に間に合ふ樣前方へ向けられてをる。(第三十八圖)

受けは其方法が四種ある。卽ち高線には第四及第三姿勢低線には第七及第二姿勢（但し他の名稱を用ひる）反撃《カウンター》受け《パリー》は此時未だ發明されてはをらなかつた。

攻撃は是亦簡單を極めディスエンゲーヂ（敵の刀身の反對側へ迅速に自己の劍尖を廻はすこと—スタンダード字書に據る）すること敵の刀身を打つこと及「ワン・ツー」「オバーエンドアンダー」「アンダーエンド・オバー」等の複式攻撃法から成立つてをる。

ランヂ（突き）は小劍術の早期に在りては敵に尙少しく近寄らうとする希望から餘りに體を前方へ投出すの缺點があつたが遂に左足は全く回轉し蹠が地面との接觸を失ふやうな極態を演ずるに至れり。(第四十二圖)

第十七世紀の「パス」には二法あつて、尋常のパス卽ち後足を踏出し他足の前方滿一歩の所へ置くものは敵の身體又は劍を捕へ又時には「スラスト」「突きの一種」を試みるべく敵に接近するの目的を以て行ふ術である。(第四十圖）他の一法卽ちフールパスと稱すべきものは後足を踏出して其動作の完了する時は恰も「ランヂ」に類する位置を占むるに至る迄前進するのである「フールパス」は極めて危險である爲め同世紀末には全然佛國流の劍道から其姿を沒してしまつた。(第四十一圖)

是等のパスに敵對せんが爲め若干の足の返對運動が行はれ卽ち前方への同樣のパス又は後方へのパス所謂「カウンターパス」及一側方へのパスの一種所謂「デミブオルト」及「ブオルト」是である。デミブオルト及ブオルトは眞のランヂに對して間々用ひられたが其の場合は左手を敵の刀身に對置《オツポーズ》するを通則とする。

デミブオルトは兩脚を眞直にして左足を四分の一圓程度後方へ右足の方へ廻はし右足の趾にて體を廻はし斯くして體を線外《ライン》に置き頭は敵に向け劍手を眞直にして劍尖にて敵を受《リシイヴ》くるのである。（第四十二圖）

ブオルトは體の一層完全なる廻轉であつてデミブオルトに等しい動作であるが、左足は殆んど半圓を畫くのである。その爲め背は半ば敵に向けられ體は左手の對置《オツポーズ》を必要としない程に全然線外《ライン》に移さるゝのである。

（第四十一圖）

劍體同時の捕捉

ドリアン・クールの教課を辭去するに臨み我を刺すの目的を以て突入し來れる者の處理方法としてドリアンクールの遺した奇妙なる教示を考察せざるを得ない。曰はく刺客が我を包圍して來たならば左足を以て完全なる「ブオルト」を行ふべきである。そのとき右足は自己の前方に來るのであるが、そのとき直に右足を元に復して敵の兩足の後方に置くのである。此動作の進行中に自己の劍を左手に持換へ刀身の中程で之を持ち劍尖を敵の胸に差出すべきで同時に右手を敵の體を橫切りて廻はし敵の格（？）を捉ふべきである。（第四十三圖）

第九章　第十八世紀

吾人は今斯術の第三期に達した。此期に至りても尙紳士の常侶伴であつた步行用の劍は徐々に其形狀と重量とに改善を示して第十八世紀中葉に到りて完全の域に達したのである。其使用法も亦之に從うて發展した。此期に於ける術風の正鵠なる認識を得るが爲めには先づ初代アンヂエロスが一七六三年に刊行したる有名なる長楕圓形の一つ折判書に言及せざるを得ない。但し諸著書中の材料は尙少し前に刊行の著書中にも散見し特に一七三七年の刊行にか丶るヂラーの快著「新論《ヌポーツレーテ》」に於て然る事實の記述を認めることが出來るが、前記の著書を通して吾人は現今尙行はる丶形式の第一姿勢の受け《パリー》の認識を新にするのである。即ち吾人は吾人の所謂第六姿勢に似たる手を仰向にせるカートオバージ・アームのフエザー・パレードに紹介せられ又第二姿勢及半圖（近世の第七姿勢）の名稱の下に低線に用ふる古式の「受け」を認め又吾人が今第八姿勢と稱する第五姿勢の「受け」を認むるのである。其の外現時の「返對受《カウンターパリー》」と事實同じき動作はパレードウイズエカウンターデイスエンゲーヂの名稱を以て既に行はれてをるのを知ることが出來る。實に斯術の根源的原理はアンジエロ以後毫末も變らないばかりでなく本年及同時代の他著作物に顯はれたる斯術の古典的優美さは近代劍士の少くも企及し能はざることは動かすことの出來ない事實である。

第十八世紀の作法中演劇の見地から最も面白いのはアンヂエロが遺したるサリウート（敬禮）と握劍の諸法と、ヴァイシユナーなる獨國著作家の推奬にか丶る一、二粗造の動作とである。今其必要なる説明を與へん爲めには該有名なる劍士其人の言辭を借來ることが一番捷徑である。

「諸學院に於て一般紳士が試合又は自由の演技を行ふ前に修めたる劍道の敬禮」

日本の劍道は神に對し　皇室皇族方に對し敬禮をなし相互師範にも之に準ず。記者誌

劍道の敬禮は看覽者に對する禮節であつて又競技せんとする人相互の禮節でもある。開技に先立ち敬禮するは慣例である。靜肅なる態度と優雅なる風格とは敬禮を行ふに絶對必要である。

「敬禮の第一位置」

劍士は第三姿勢を以て構へを作り對手の劍のフオノプル（刀身の中央と尖端との間の部）と劍を交へアッタックと稱する足を以てする打を三回行ひ二回は踵を以て第三回は足の全平を以てすべきである。

敵に面した頭を動かさないで左手を帽子までしとやかに運んで脱帽したならば左の規則を服膺すべきである。

（第四十四圖）

「敬禮の第二位置」

右足を約一吋離れて左足の後に廻し膝を眞直に體を眞直に頭を直立に—同時に右腕を伸べ手頭をカールト（第四姿勢）に轉回する此時手頸は頭と同高に可及的右方に擧げ劍尖は稍低くして、右足の後へ廻す際は左腕を垂伸ばし腿より約二吋の所にて凹部を上に向けて帽子を持つ。（第四十五圖）

「敬禮の第三位置」

右足に敬禮を行うた時は手頸を左方に搬び肘を曲げ劍尖を相手の肩と同線に置き體の凡ての他の部分は前掲と同位置に在ることを要す。（第四十六圖）

「敬禮の第四位置」

左方に敬禮する場合は手頸を第三姿勢にてしとやかに轉廻し腕と劍尖とを對手と同線に保つて同時に左足を約二吋右足から離して構へを作る。而して左腕を曲げ安裕優美なる態度を以て帽子を冠むり手を構への位置に置く。（第四十七圖）

カールトとは小劍術の八個の「受け」と二個の構中の一法なり。（オクスフォード87字書）

「敬禮の第五位置」

以上のやうに第三姿勢構へに交叉したる上はアッタック卽ち足で地を打つことを三回繰返へし而して膝を眞直にして左足を前方に出し爪先は外方へ向け踵は右足の爪先より約二吋離す。而して兩腕を眞直にしカールトの姿勢にて兩手を轉回し、其場合左腕は左腿より約二吋離れ右腕は右眼と同線に劍尖は對手と同線上に在ることを要す。（第四十八圖）

注意　上記最後の動作は對手に敬禮するの意である。

右最後の姿勢を取りたる後は再構への姿勢に復へる。手頸の位置は攻擊の爲め又は對手の攻擊に備ふる爲の任意に定める。

若し左足を以て前方へ「パス」したる後對手に餘りに接近したことを知りたる場合は直に左足を後へ運び豫期の不意擊を避ける爲め構へを作る。

甲（シエル）とは劍の半圓形の鍔（オクスフォード字典）

對手の劍を捕へて兵器を奪ふ事

カールト姿勢の「突き」を受流したる後に行ふ奪兵器法に就て

若し對手がカールトの姿勢で突いて來た場合對手が不整調不注意であるときは（フオールト部の乾燥にして敏捷なる「ビート」（打方の一法に據る）カールトパレードを以て彼の攻擊を受ける。而して左手を以て對手の劍甲を捕へ左足を右方へ運び、而して劍のフオールト部を以て對手の刀身に強く當てる。斯くすれば對手は止むなく開くであらう。尙對手の劍を確實に握りながら自分の劍を引き入るれば對手の劍を制壓し得るのである。(第四十九圖）奪兵器を行うたならば膝を眞直にした儘左足を二呎後へ運び對手に兩劍尖を差付けるべきである。(第五十圖）

若し對手が第三姿勢の突き又は腕上のカールトを行ひ不注意な態度で其體を放擲した時は對手の刀身の線を横切つてフオルト部の刄を以て乾燥敏捷なるビートに依つて之を受流すべきで、對手の手頸を上方に押上げ同時に左足を右足の前方約一呎の所へ運び依然敵の劍を確と握りつゝ右方外側へ敵の腕を投げ左足を約二呎前方へ運ぶべきである。(第五十一圖）

而して右膝を屈し左膝を眞直にして劍尖を敵の面前に差出す。(第五十二圖）

　第一姿勢のパラードを以て「受け」たる後相手がカールト又は第二姿勢の「突き」を行つた時之に對し奪兵方法を行ふことに就て

　第三姿勢にて交刄せる場合は足の攻擊を行ひ敵を激して突を爲せる（外側から敵の刀身を押付く）敵がカールト第四若くはスゴンド（第二）の姿勢にて衝いてると同時にプリム（第一）を以て迅速に之を受け約半呎前進し速かに敵の刀身のフオールト部上に左腕をやる。此方法に依りて自分の體と左腕を引入る時は敵は其持てる劍を棄つるの止むなきに至る。(第五十三圖）

斯く奪兵器の行はるゝと同時に劍尖を敵に突付け後速かに退く。其場合右足を左足より離すこと第五十四圖に見る如くするのである。

劍の外側のパラードを以て「受け」たる後奪兵器を行ふの法に就て、腕上の第三又は第四姿勢を以て外側にて交叉せる時は足のアペルを行ふ而して劍「內」に衝入る樣對手を刺激するの目的を以て對手の刀身を少しく押壓する。

アペルとは術語にて敵の隙を得る爲足を踏み鳴らして佯撃することを云ふ（スタンダート字典）

對手がディスエンゲーヂ（自己の劍尖を手早く對手の劍の反對側へ廻し突きを行ふに自由ならしむる法（オクスフォード字典））して突き出でて來たならばカウンター（反）ディスエンゲーヂを行うて「受」け劍のフォールト部を以て對手の刀身を上方に押上げる。

次に一呎程左足を右足の前方へ出し左手を以て活潑に敢然と對手の「シエル」を捉へ而て敵は自己を防がんとして其左足を揚げ進んで劍の上に自體を投ずるかもしれないから彼が劍を捉ふるを避けんが爲め直に右肩と左腕を後方へ右足を一呎程左足の後方へ運びそして對手の膝に面する左足の爪先を轉回して背後に劍を廻し手頸を腰に置きて劍尖を對手の腹部に差出す。（第五十五圖）

獨人ヴアイシユナーは一七六五年刊行の其著書にて敵を壓抑する爲めの奇妙なる方法二題を書遺した。第一の場合は（第五十六圖）攻擊者が「パス」の第二姿勢にて突きを試み防禦者は「カウンター（反）パス」にて之を避け自劍を敵劍に交へるのである。

而して此カウンターパスの完了と共に防禦者自劍のフォールトを以て敵の頸の後部を押し彼を前方に押し遣り同時に敵の右脚を捉らへ彼を地上に投付けるのである。

ヴアイシユナーは第二の捕獲法（第五十七圖）は「パス」を行ひながら腕上に第三姿勢の突きを與へんと企てた

る場合に行ふのであつて防禦者は此場合第三姿勢を「受け」左足を以てカウンター（反）パスを行ひ同時に攻撃者の劍を押下げる。次に防禦者は右足を揚げて敵の背後に出で左腕を敵の胸を擴切りて通ずる斯くして敵を後方に投げんとするのであるがそれは第五十七圖に畫いてあるやうにするのである。

以上は第十八世紀の劍術の大綱である此紀の終末に至つて吾人は現今實行の斯術と面々相接したのである。

劍道の歴史

劍道の歴史

（一）

武藝家小傳の序跋に、夫れ刀術は、武甕雷命、經津主命と、十握劍を拔いて倒に地に植て、その鋒端に踞りし神術より始まるとあるが、我朝に於ける劍の歴史は、その濫觴を民族發祥の古人にまで溯る。蓋し、書記神代の巻に天照大御神が、葦原の中つ國を、皇孫統治の下に置かしめ給はんとして發せられた大詔に從つて、五月蠅なす邪神の征討に最初選ばれたのは、天穗日命であつたが、大國主命に從つて、三年の間、遂に一言の復命もしなかつたので、八百萬神はこゝに天稚彦命を選んで下界討伐の命を下した。然るに稚彦も亦大國主命の娘下照姫に戀着して、その使命を完うしようとしなかつたばかりか、逆に中國を專有してしまはうといふ野心をさへ起したので、八百萬の神達は三度高天原に神集に集つて、最後に選んだのが、武甕雷命と經津主命とであつた。そこで二神は雲霧茫々たる天海を拔いて、出雲國五十田小濱に天降つて、中國受授の大詔を大國主命に傳達した。この時表はした神術が乃ち本朝武藝の始まりであるといふことになつてゐるが、太古艸昧の世、その有樣は、もとより知るよしもない。然し、この二神によつてなし遂げられた、撥亂反正の效業と、その精神とは、今日に傳へられて變らない歴史的事實であつて、それは吾々國民として持つことのできる最も大なる誇りである。所謂日本武道とはこの精神と神術との歴史的展開であつて、それが完成には數世紀にわたる訓練と幾多曠才の出現とに俟つことが多大であつた。以下順を追うて私はそれを略述したい。

（二）

武藝家小傳によれば二神の神術は景行天皇の皇子日本武尊に傳へられて、三段の位となすとあるが、三段の位とは、今日云ふところの上中下三段の構であつて、こゝに劍道はやゝその形式を具備したものと、考へることが出來る。

日本武尊は、人も知る本名は小碓命、御年纔かに十六歳で、强賊熊襲梟の兄弟誅掠の命をうけて日向に下り、祝宴の夜女裝して酒杯の間を斡旋して、酣醉の梟兄弟を刺した御殊勳は普く人口に膾炙してをるので、今更喋々の要はあるまい。その後命は東夷征討の勅命を奉じて、東に下り、辛酸具さになめて、伊吹の山に大蛇の毒氣にあたつて、三十年の輝かしい御生涯を、能褒野に薨ぜられたのであつたが、その御治績は武の權化とも云ふべきものであつて、そのこれを用ひた詳細は了解らないが、命によつて宣揚せられた用武の道は、當時これに拮抗し得る何物も存在し得なかつたことで、大凡これを想像し得るのである。紀記の傳ふるところ三重のまがりの御足を杖を賴りに能褒野にたどりつかれて、遙かに都の空を想ひやつて、作られた御國忍びの御歌は拜するだに悲慘の極みであるが、

わが置きし劍の太刀
その太刀はや

と仰せられた最後の御作は、命の總てを傳へて餘薀がない。

（三）

そして次にこれを學んだのは武藝家小傳の記述に順へば、陸奥守源義家であつた。これを學んで五段の位となすとあるが、それは上中下三段に、前後左右を附したのであつて、所謂構の完璧は、藤氏の中世、永承天喜から、保元平治に至る、武人擡頭期に行はれた、鎬を削る幾多の肉團戰の間に作りあげられたものであらう。文獻の徵すべきものがないのは遺憾であるが、傳ふるところによれば、鹿島一流の武藝の源由は國麻眞人にはじまると謂ふ。蓋し眞人は大織冠五世の祖であるから、時代は遙かに溯るが、その方式はもとより定かでない。

天武記十二年閏壬午朔の勅令には文武官の諸人用兵乘馬を習ふべしと仰せ出されてをる、上下武に意を用ひたこと推して知るべしで、眞人の出現と相關聯し以上は武藝發達の一段階の證左と考へることが出來よう。然しながら今日我々が親しく見聞する形式の始りは、應仁以後の戰國時代からで、次に述べやうとする飯篠家直以後である。

飯篠山城守家直

飯篠山城守家直は下總國香取郡飯篠村の人である。後同郡の山城村に移つた。幼弱のころから武を好んで、其の技精妙に達し、また鹿島香取の兩神に參籠して、その技の天下に顯はれんことを祈願した。家直の流れを汲む武藝を稱して天眞正傳神道流と云つてをる。後長威齋と改めたが、劍道の發達は家直以後であつて實に中興の祖として仰がれてゐる。

諸岡一羽　一羽流

諸岡一羽は常陸國の江戸崎の產で、はじめ飯篠長威入道に就いて學んで出藍の譽があつた。その門下に土子泥之助、岩間小熊、根岸兎角の三人が居つた。技倆はいづれも伯仲の間にあつて、晝夜怠りなく稽古を勵んでをつたが、不幸、諸岡一羽は、途中癩を發して動けなくなつた。

するど根岸兎角は病人を見捨てゝ逃げてしまつた。殘つた二人は大いに憤つてはみたものゝ、五體不自由な病人を、うち捨てゝ其の後を追ふわけにも行かず不都合な奴だと心の中に思ひながら、師匠の看病に朝夕を送つてをつた。

もとより有り餘る身代に生れた二人ではないので、しまひには藥餌の料に事缺いて、有るものは金に代へ、今は大小脇差は勿論のこと着替一枚ないといふやうな有樣にまでなり下つてしまつた。然し二人は一向苦にもしないで手を盡して看病した。然し師匠の病氣は日增に昂じて遂にあへなくなつたので形ばかりの野邊送りをした。

一方病中の師匠を見棄てゝ逃亡した兎角は、相州小田原に來て、さすがに流名は憚かつて、微塵流と改めて道場を開いた。元來利に敏い男だけに口先は巧者で風采は丈の高い、髮の毛の濃い、目付の銳い男であつたので、一度接した者は何れも名人上手と合點してしまつたのであらう、忽ちのうちに門人の數も殖えて繁昌したので、娑婆は與しやすい、とすつかり有頂天になつてしまつた。そしてこの分なら江戸に出て一旗擧げるのも難事ではあるまいと小田原をたゝんで江戸へ上つた。盲目千人の譬へに漏れず、彼れの辯口に瞞されて、今は入門をする大名の數も增して、兎角の名聲は江戸崎までも聞えるやうな有樣となつた。これを聽き知つた二人は、君父の仇は倶に天を戴かず、彼れを恨んで死んだ師匠の爲め、たゞ一擊に打ち殺して、尸を路頭に曝し末代への恥辱を與ふるのが、一片の回向でもあり、弟子としての盡すべき道だと、兎角討伐の議が進んで、鬮を引いてみると、鬮は小熊に當つたので、小熊は直ちに仕度をして江戸へ發つことになつた。するとあとにのこつた泥之助は、時を移さず一通の願文を作つて、鹿島神宮に參籠した。その文章はやゝ長いが通讀すると二人の胸中、眞に憐むべきものがあり、また愛すべきものがある。

敬白願書奉納鹿島大明神御寶前

右心さしの趣は、某土子泥之助兵法の師匠諸岡一羽亡靈に敵對の弟子有、根岸兎角と名付、此者師の恩を讎を以つて報ぜんとす、今武州江戸に有之、私曲をおこなひ逆威を振ひ畢、是に依て彼を討ん爲某の相弟子岩間小熊江戸へ馳參じたり、仰願くは神力を守り奉る所也、此望足んぬに於いては二人共兵法の威力を以つて日本國中を勸進し、當社破損を建立し奉るべし、若小熊利を失ふにおいては、某又かれと雌雄を決すべし、千に一某まくるに至つては生て當社へ歸參し、神前に腹十文字に切り、はらわたをくり出し、惡血を以つて神社をことごとくあけにそめ、惡靈と成つて未來永劫當社の庭を草野となし、野干の栖となすべし、すべて此願望毛頭私慾にあらず、師の恩を謝せん爲なり、いかでか神明の御憐み御たすけなからん、仍如件

文祿二年癸巳九月吉日　土子泥之助

これを聽かれた鹿島神宮はどんな御氣持ちだつたらう。もともと荒ぶる神であるから當人の一心を憐んで御嘉納

あらせられたことは云ふまでもあるまいとは思ふけれども、此の願望毛頭私慾にあらず、師の恩を謝せんが爲なりと云ひ切つたところ、腸をさらけだして、いかにも小氣味がよい。古人は誠を重んず、至誠の前には死は鴻毛よりもなほ輕い。そこで報復の一念に胸を焦いて、江戸崎を發つた小熊はどうなつたらう。

御城の大手先の橋際に或日誰れが建てたともわからず一本の制札が建つた。兵法望みの人有之に於いては其仁と勝負を決し師弟の約を定むべし。文祿二年癸巳九月十五日。日本無雙岩間小熊と墨黒々に認めてある。士農工商あらゆる階級の人達はこの制札の前に佇んで餘りに人無げな振舞にとりどりの噂をしあつた。兎角が門弟の耳にもその噂は誰れ云ふとなく傳つて、一個の侮蔑を感じた彼等の間に小熊撲殺の相談が持ち上つてをつた。折柄表らはれた兎角は弟子からの相談を受けるまでもなく、脛に疵持つ手前、彼れを亡き者にする機會は來たのだと自惚れて諸君心配し給ふな。わづかの腕に逆上した田舍士可哀そうに飛んで火に入る夏の蟲、小生が器用に捌いて見せやらから、氣をおち付けて見物し給へと、大きく出て、奉行所へその旨を具申した。そこで兩人は大橋の上で果合ふことに一決して、さて當日になつてみると、檢視の役人が出張して來て、橋の兩際は弓槍で固く警固して、兩人の刀脇差はこれを預つた。扨當日の打扮兎角は大筋の小袖に繻子のめうちのくゝり袴、白衣をよつて襷にかけ、木刀を六角に太く長く作り、鐵の筋がねをわたし所々に疣をすゑたのを提げて表らはれると、一方小熊は、元來の小男で、色の黒い、頭の禿げた、頬髯の多い金坩眼の一向揚がらない風采で、鼠色の木綿袷に淺黃の木綿袴を着けて、貧乏さうな格恰をして、平常の木刀を持つて表らはれてきた。

さて當日の試合の有樣は兩方から進みかけて打つと、兩の木刀ははたと打あつた。(本圖一〇參照)乃ちこれは俗にいふ鍔競合の形であつて、餘談ではあるが、この鍔競合は、竹刀ではよくあるが、眞劍ではまづないと云つた方が慥かで、罕れにあるもので、記録に殘されたものは先づこれくらゐ。木刀ではあるが、この試合は唯一のものとされてをつたものである。さてこの鍔競合になつて、それからどうなつたかといふと、小熊は兎角をぐらぐらと橋桁まで押して行つた。そして片足を取つて、倒さまに河へ放りこんでしまつて。そして脇差を拔いて八幡是みよ、と高聲に呼んで欄干を切つた。その太刀跡は明暦三年の大火まで存してをつたといふことである。——以上は武藝家小傳による、一羽とその門弟の略傳である。

塚原卜傳　卜傳流

塚原卜傳は常陸塚原の人である。父は塚原土佐守と云つて、飯篠長威齋に從つて、天眞正傳を得た。長子新左衛門は乃父の術を得て、刀槍の技に達してをつたが、不幸蚤く世を去つたので、卜傳は兄の傳脈を繼いで、諸國に遊び大いに其の名を顯はした。時に野州に上泉伊勢守が居つた。陰流の祖で、刀槍の達人であつた。卜傳は就いて學びその必要を究めた。其の後京都に行つて、將軍義輝義昭の二公に拜謁して、刀槍の術を授け奉つた。この頃は、卜傳の名は天下にかくれもなくなつたので、來り從つて刀槍の術を學ぶ、大名は一にして止まなかつた、就中勢州國司北畠具教卿は特に傑出してをつたので、卜傳は祕法一太刀を授けた。門人では松岡兵庫助がその奥旨を得て、東照宮に拜謁したとき一太刀を授け奉つたといふことである。後其の術を奉ずる者は、甲頭刑部少輔、多田右馬助、木瀧治部少輔、野口織部等である。皆家康旗下の臣である。ところで一の太刀とはどういふものであらうか。誰れでも知つてゐる挿話であるが、それを例にとつてみよう。

或時江州矢走の渡し舟に六七人の客が乘つた。其のうちに年の頃は三十七八、丈の高い髭の濃い言語のいかつな武家が居つた。滿座を尻目にかけて人もなげに武者修行の自慢話をはじめた。塚原卜傳も恰度乘合せてをつたのであつたが、對手になるのも馬鹿馬鹿しいので隅の方で默つて聽いてゐたが、武藝者の話が少々脫線しすぎて來たので、「先刻から貴公の御言葉を此方にあつて聽いてゐたが、合點のいかないところがある。私しも若い時から兵法の道には種々骨を折つて勉强してみたが、今迄つひぞ勝たうと思つて立合つたことはない、いつでも負けないやうにといふ工夫ばかりしてきた、」と何氣なしに揶揄つてみた。スルと彼の男は、「貴公の稽古は柔し過ぎる、一體何流だ。」と訊くのですかさず「イヤたゞ人に負けぬ無手勝流さ。」と答へた。「では腰の兩刀は何の爲めだ」と件の武士は疊込んで來た。「以心傳心の二刀は我慢の鋒を切り惡念の萠を斷つ道具」と空嘯いて、卜傳は取り合はうとしなかつた。カツトとなつた武士は、「では貴公と仕合をしよう。刀がなくて勝つことが出來るかどうか見せて貰ひたい」と話は遂に最後の大詰まで來た。落ちつき拂つた卜傳は、「我が心の劍は活人劍ではあるけれども、對手次第で變らぬでもない。對手が惡ならそのまんま殺人刀となる。貴公御判りか」と嫣然笑ふと對手は怒氣滿面に漲つた武士は、「船頭！　この船を早く陸へつけろ、此奴と勝負だア！」と怒鳴つた。船の御客はすつかり狼狽てて、どうなるとことかと顏の色が變つてしまつた。卜傳は船頭に目語して「街道は人の往來がうるさい、あの辛崎の向にある離島が恰度よからう。あそこで人に負けぬ無手勝流を御眼にかけやう。今日の乘合の御連中も御急ぎの御旅でさぞ御迷惑のことゝは存ずるが、あれまで御出になつて、一つ御見物下さい。さア船頭、氣の毒だがあの島までやつてくれ。」

春の海をすべるやうに船が島へ着くと、イキリ立つた彼の武家は忽ち飛び上つて島に渡り、三尺八寸するりと拔いて、「寄らば眞つ二ツ上つてこい、」と叫んだ。卜傳は「まア待ち給へ、無手勝流は心を靜にしなければならないから、」と云つて、袴のもゝだちを取つて、それから腰の兩刀を船頭に預けて、その棹を此方へ借せと云つて、船の舷まで來て、ヤツと一聲、飛ぶかと見えたが、さにあらず、棹を岸に突張つて、船を沖へ四五間許り突き出してしまつた。驚ろいたのは岸の武士、「どうしたんだ、ナゼ上つてこぬ」と大刀振り翳して怒鳴つた。

「どうして上がらうか、口惜しかつたら泳いで來い、引導渡してやるから、」と卜傳は云つて、「どうだ、これが則ち無手勝流。判つたか、ワアハツハハ」と笑つた、とり殘された件の武士、「惡し、きたなし、かへせもどせ、」と騷いでゐるうちに、湖上はるかに出た船はやがて山田村に着いた。これは誰れでも知つてゐる話であるが、實際か寓話かは暫くおいて、この話しのうちに示されてをるものは要するに、達人の劍は、技の劍術の劍を超越して、いつでも心の構の上に用意されてをるものであるといふことがよく解る。

晩年卜傳はその子三人の內、誰れに家督を讓らうかと、考へた。そこで三人のうち、誰れが一番出來てをるかを試みた。部屋の入口の暖簾の上に木枕を置いて、まづ長子彥四郎を呼び入れた。木枕は暖簾を明けると、恰度頭の上に落ちるやうに置いてあつた。彥四郎は、卜傳の部屋に這入らうとした途端に、この木枕に氣がついて、それを放つて、それから暖簾を明けた。次に卜傳は次男を呼んだ。呼ばれた次男は起つて卜傳の部屋へ這入らうと、暖簾を明けると、頭の上に木枕が落ちて來たので、一足退つて、受止めて、卜傳の部屋に這入つた。最後に呼ばれた三男は、ヤハリ暖簾を明けやうとした途端に、木枕が落ちて來たので、スラツト拔いて一刀に斬つて捨てゝ這入つて來た。そこで卜傳は、改めて三人を呼び入れて、說いて聽かせた。長男は、暖簾を明ける途端に、置いてある木枕が落ちて來るのに氣が付ついて、そうつと、これを取つて這入つて來た。災を未然に防いだものであつて、武藝者の平常心懸くべき態度である。二男三男は、暖簾を明けて木枕が落ちてくるまで氣が付かないとは迂濶千萬だ。木枕だから生命に別狀はなかつたが、對手が人間であつたら、咄嗟の間には合はぬ。お前達には、まだ武藝の本當のところは了解つてゐないと云つて懇々と云ひ聽かせた。

上泉伊勢守信繩

新影流及び直新影流

新影流の祖は上泉伊勢守信繩である。(繩は一般に綱の字を當てゝをるが、上泉家に傳はる家系圖は繩であるので繩とする)その先祖は俵藤太秀鄕から出でゝをる。

代々上野太胡の城主であつた。信繩は少年の時分から劍術が好きで、飯篠長威入道や愛洲移香に從つて、その妙を極めた。この移香は影流の祖であつて、世上傳ふるところの愛洲影流はこの流れを汲んだものである。

信繩はじめは箕輪城主長野信濃守の旗下にあつて、屢〻軍功があつたが、後去つて武田信玄に仕へ、伊勢守と號した、其後信玄を去つて、上洛し光源院將軍が本國寺に立て籠られた時軍監を賜り、御勝利の後天下を武者修行して、兵法新陰軍法軍配天下第一の高札を諸國に打納め、其後父子相揃うて禁裏に參內し、父は從四位下武藏守、子は從五位下常陸介に任ぜられて天下にかくれもなくなつた。

此人に就いて學んで一流一派をなした人は非常に多い、就中柳生但馬守宗巖の柳生流、塚原卜傳の卜傳流等は出色のものであらう。

直新影流といふのは何人の創始であるか明瞭でないが、新影流を基礎として派生したものに相違ない。長沼四郎左衛門はこの流を以て鳴つた。また王政復古の際、劍を取つては非凡の技を謳はれた榊原謙吉も之の流であつた。

中川左平太重興

中川左平太重興は、信州の村上氏の裔である。父は左衛門尉清政、母は中川左平太重良の女、重良の子七之助重龍に嗣子がなかつたので、重興は其の家を繼いだ。父左衛門尉清政は德川家康に仕へて、采邑千二百石を領してをつた、重興は榊原忠右衛門に從つて刀槍の術を學んだ、忠右衛門は卜傳の流れを汲んで七代目にあたつてをつた。重興は其後諸家風を加へて、この傳統を潤色して、完備の域に達した。當時劍を以て渡世とする人は非常に多かつたが、弟子を敎へること親切叮嚀、左平太重興に及ぶ者はなかつた。

有馬大和守乾信　有馬流

有馬大和守乾信は松木備前守に就いて刀槍の術を習つた。松木備前守は飯篠長威の門にあつて精妙の技を稱へられてをつた人である、後世之の流を有馬流と云つてをる。弟子中では柏原篠兵衛盛重がもつとも傑出してをつた。事は天正年中に屬してをる。

齊藤判官傳鬼房　天流　天道流

齊藤判官傳鬼房は相州の人である。北條氏康に仕へて、齊藤金平と號んでをつたが、後改めて傳鬼房と云つた。金平は幼少の頃から武藝が好きで、曾つて鶴ヶ岡八幡宮に參籠したとき一緒になつた修行者と刀槍の術を終夜語り明し、且つその技藝を試みた、之れを試み之を味つてゐるうちに、夜が明けて、修行者は別れを告げて立ち去らうとしたので、傳鬼は周章てゝ呼び止めて、名を訊ねると修行者は默つて、曉の明星を指さして、何處となく去つてしまつた、この時傳鬼ははじめて、劍の妙旨を悟つた、由來自己の劍技を名づけて天流または天道流と云つて、各地に行つてその藝を試み、遂に平安城に行つて、將軍に參内して判官に叙せられた、故に判官鬼傳と自ら號してをつた。下妻城主多加谷修理大夫重經以下列侯諸士來り學ぶものが非常に多かつた。當時霞者といふ神道流の達人がをつて、その徒黨も非常に多く中々勢力があつた。

ある時此者と勝負を決して傳鬼はこれを撃殺してしまつたので、仲間の連中が非常に怒つて傳鬼を殺して師の讎を報じようと待ちかまへてをつた、傳鬼はそんな事とは露しらず、弟子をつれて鎌槍一本持つて歩いてゐる處をまちかまへた連中は不意に顯らはれて、傳鬼の行手を蔽いで取り圍んでしまつた、傳鬼は遁れることの出來ないのを察して、弟子にお前をこの災難に遭はしたのは氣の毒だつた、然し遁げて遁げられないことはあるまいから儂にかまはず遁げて呉れ、と云つた、弟子はイヽヤ先生の危急に臨んで今更どうして遁げられませうと云つて言ふことを聽かないのを無理に遁した。そこで傳鬼は、道端の不動の祠に這入つた、霞黨は急に之れ圍んで矢を發した、傳鬼は少しも怯まず、鎌槍でこれを庭先に切つて落して、大に奮戰したが力竭きてこゝに斃れた、その後この祠には傳鬼の怒氣怨靈が止まつて奇怪な事が多いで、之れを祭つて、社は判官所と稱へて、今も眞壁郡に存してをる。

傳鬼の跡は實子法玄が繼いだ、傳鬼に從つて其の名を得た者に小松一卜齋がある。月岡一露齋は小松の弟子である。齊藤牛之助人見熊之助は法玄に從ひ學んで精妙の様を輝かした。齊藤右兵衞は人見の弟子でこの流に工夫を加へて門人數多あつたが、加古利兵衞が傑出してをつた、勝負數十度未だ嘗つて人の鋒をその袖に觸れさせたことがなかつたといふ。其の技推して知ることが出來やう。

中條兵庫助　中條流

中條兵庫助は相州鎌倉の人で、地福寺の檀越であつた。この地福寺に慈音といふ僧が居つた、兵庫助はこの僧に効つて、その奥旨を會得した。後これを甲斐豐前守に傳へた、甲斐の後は大橋勘解由左衞門が、その血脈を繼いで大いにその名を揚げた。

この慈音といふ僧は九州鵜戸の岩屋で夢中に刀術の妙を得たと曰はれてをる人である。富田流の傳書には神僧慈音と號んでをる。

富田九郎右衞門　富田家祖

富田九郎右衞門は越前淺倉家の家臣で、大橋勘解由左衞門に就いて刀術を學んで、その宗を得た。その子二人、長を五郎左衞門と云ひ、弟を治部左衞門と云つた。五郎左衞門は早く眼疾に罹つて、剃髪して勢源と號した。依つて治部左衞門が箕裘の藝を繼いで前田侯に仕へた。中頃關白秀次の召に應じて都へ出で、盛名を天下に謳はれた。世に稱して富田流と謂ふのはこれである。

富田越後守

富田越後守は始め山崎六左衞門と號してをつた。富田治部左衞門に從つて中條流の傳脈を得た。山崎家の先祖は江州佐々木の家族であつて、後移つて越前に來て、朝倉家に仕へること數代であつた。天正十二年佐々內藏助成正が、越中の末森城を攻めたとき、六左衞門は槍を取つて名を擧げた。後富田越後守と改め、前田利家侯に仕へて采邑一萬三千五百石を領した。富田治部左衞門の一女を請うて妻とし、富田の流名を讓つて、中條流を名のつてをつた。

富田五郎左衞門入道勢源

富田五郎左衞門入道勢源は越前國宇坂莊一乘淨教寺村で生れた、父九郎右衞門の業を繼いて、刀槍の奧旨を究めた、中途眼を病んで家督を弟治部左衞門に讓つて、剃髪して勢源と號した、永祿三年庚申の五月美濃に遊んだとき鹿島の人で梅津某といふものが偶來合せてをつた。この梅津某は神道流の使手であつた。勢源も同じく美濃に來てゐるといふのを聽いて恰度よい折である。中條流の小太刀を是非拜見したいと云つて、弟子を使はして勢源に云はしめた。勢源は、愚僧は未熟で到底御眼にかけることは出來ない。また中條流では他流試合は致さないからと云つて斷つた。梅津はこれを聽いて、私しの兵法は關東では誰れ知らぬ者はない。三十六人の相弟子達も皆私しに負けたので今は私の弟子になつてをる。先年此處へ來る折にも吹原大書記三橋貴殿は相當の師匠であつたが、某に負けて今は下風に立つてゐる。ナル程勢源の評判は越前では相當かもしれぬが、まだこの梅津には及ぶまい。一たい私しは遠慮が嫌だ。イザ仕合といふ場合には國主であらうと何んであらうと用捨はしないと言ふことが脫線して、義龍の耳に這入たからたまらない。家臣の武藤淡路守と、吉原伊豆守を、勢源の宿朝倉成就坊の宅へつかはして、梅津某との試合を是非見たいと云はせた。勢源は依然として、中條流には仕合はない。且つ勝つても負けても益ない勝負を爭ふことは御免を蒙ると云つて斷つた。やむを得ず使はこの旨を義龍に復命した。義龍は勢源の申狀尤もではあるが、梅津の振舞は傍若無人である、他國の聞えもいかゞと思ふので、斷つて所望をすると云はしめた。兩使は御前を下つて、再び勢源の許へ行つて、主人の意向を傳へた。之れを聽いて、勢源は、勝負は勝つて惡るし、負けて惡るし、いづれにしても人の怨を受けることは必定なので致さぬことに決心してをつた。がさういふことであるならば致し方がない。御引受けしよう。この返事を聞いて義龍は大いに喜んだ、では七月廿三日辰の刻（今の午前八時）と定め、勢源から檢視を求めて來たので吉原伊豆守が檢視を申付けられた。梅津は當時義龍の一族大原方に寓してをつたが、その時から神佛に祈禱をして、湯がゝりを始めた。勢源はその噂を聞いて笑つてをつた。當日勢源は四五人の供人をつれて、成就坊の宅を出た。淡路守の處へ行つて、賣り物の薪木のうちから一尺二三寸の短かい割木を見付けて、その元を皮で卷いた。梅津は大原同道で、弟子四五十人長さ三尺四五寸許りの木刀を錦の袋に入れて供の者に持たせてやつて來た。器量骨柄人に秀れて、立ち勝つて見えるので、今日の仕合は梅津のものだらう、と噂とりどりであつた。梅津は檢視に、どうか白刄で願ひたいと申し出た。檢視は勢源の意向を訊ねた。先方は白刄になさらうとも私しの方では木刀で御對手仕る。と答へたので、梅津も不承不承に木刀に定めた。當日梅津の打粉は空色小袖、木綿袴で、木刀を右脇にかまへて、揚々自得眼中人なき有樣であつた。勢源は柳色の小袖、半ばきの袴を着けて、立擧つて、椽板を、かの一尺三寸の割木を提げて歩いてくる有樣は牡丹の前に猫が睡るとでも形容しやうか、たゞ物靜かに優しげであつた。その時勢源は梅津に言葉を掛けて、パット切り込んだ。アット云つた利那梅津は小鬢から二の腕を打たれて身體は朱に染つた。次に梅津は木刀を取り直してサット振つた、勢源はその虚を再び右腕を打つた。トタンに梅津は勢源の前に倒れたが、持つた木刀をそのまんま、勢源の足を拂つた。勢源はすかさず一脚に踏折つて、飛んだ、梅津は起き上つて懷中の脇差を拔いて一氣に勢源目がけて突かゝるゝ奴を、勢源は木刀振つて打倒した。時に檢視はその間に這入つて、これを扱つた。梅津は武藤の宅で養生をして後大原へ歸つた。勢源は淡路守の所に留められてをつた。武藤吉原の兩人は、勢源の木刀と梅津の折れた木刀とを義龍の御覽に入れて、勝負の次第委細に渉つて申しあげた。義龍はことのほかに喜んで末代の物語にと木刀を留めて、鵝眼萬疋、小袖一重を勢源に贈られた。勢源はこれを辭退して云ふやう、中條流ではかやうの勝負は禁じられてあるが、然し國主の御所望たつてといふのでやむを得ずしたまでゞ、御褒美は頂戴したくないと云つた。

　義龍は勢源の志に感じて是非會つてみたいと云つたが、勢源は却けた。そして愚圖〳〵してをつては、何時梅津の弟子達が逆怨みに襲つてこないとも限らない、萬一そんなことになつて他人に心配を掛けることは本意でないと云つて越前さして出發した勢源のやうな人を武人の典型といふのであらう。この話は一說には京都黑谷で行はれたともいひ傳へられてをる。始め梅津は木太刀を振つてうち下したとき、勢源は受け流し、梅津の眞向を打つた。額から血が流れて、檢視は勢源の勝と云つた。梅津は吾太刀先に當ると云つた。勢源は、イヤ當らない勝は我れに於いて十分だと云ひ張つた。宿へ歸つて沐浴してをつたとき、檢視が宿へ來て聞きたゞした。幸ひ湯に這入つてゐるから御覽を願ひたい。どうぞこなたへと、檢視を浴場に案內した。勢源の身體には疵がなかつた。そこで勢源勝と決つた。實際は勢源右手の甲を打たれて黑く痣になつてをつたのを左の手で押へて能く看給へと云つたのであるといふ說もあるが、果して孰れが本當か、黑白は決し惡い。然し前の說が本當であらうといふことが一番有力な言ひ傳へである。

山崎　左近將監　中條流

山崎左近將監は六郎左衞門の弟である。富田流の劍道を學んで精妙に達した。淺倉の家臣であつたが、後には前田家に仕へて、五郎左衞門と改めた。子供が三人有つた。長を內匠、中を小右衞門、季を二郎兵衞と云つて、共に中條流の達人であつた。利家公が慶長五年大聖寺城征伐の時二郎兵衞は戰功があつたが、疵を受けた。

富田一放　一放流

富田一放は富田越後に從つて、其の宗を得た、入江一無其の傳を繼いで、今に一放流と云つて傳はつてをる。

長谷川宗喜　長谷川流

長谷川宗喜は山崎とその名を同じうして、富田流を窮め、後其の藝を以て、關白秀次に拜した。一日秀次公は長谷川を召して、疋田文五郎と手合をしてみよと仰有つた。宗喜は命に應じた。疋田は固辭して受けなかつた。宗喜の末流、今に存して長谷川流と稱してをる。

鐘捲自齋　鐘捲流

鐘捲自齋は富田流の祕典を悟つて、技精妙を極め山崎長谷川と名を齊うした。世人は山崎長谷川鐘捲を富田三家と云つてをる、またその末流は諸國にあつて、鐘捲流と云はれてをる。

山崎　兵左衞門

山崎兵左衞門は越前忠直卿に、父祖の業乃ち中條流の劍法を以て仕へてをつた。折柄高縄といふ武者修業者が越前にやつて來た、藩の若侍で高縄に從つて劍を學んでをつた者も相當あつたので、忠直卿の御耳に這入つた。忠縄の術は久しい前から承知してゐるが、今我が城下へ來て、人もなげなる振舞は憎い奴だ。と仰有つて、藩の使手六人を選んで、御前達高縄と勝負を決しろと吩付られた。仰を承つた六人は早速高縄の處へ使の者をやつて、試合を申し込んだ。山崎兵左衞門もその內の一人であつた。高縄はよろしいと引受けて、明日登城して御對手仕らうと挨拶したので、その旨を君公に御披露に及ぶと、忠直卿は家中の者に、明日は老弱盡く出登してこの勝負を見るようにと布告した。今日は晴れの勝負が見られると喜んで家中の者は集つた。やがて試合を命ぜられた、六士の連中もすつかり顔が揃つたのであるが、當の高繩はとうとう現らはれない。人を遣つて容子を覗はせると、昨夜の内に逃亡してしまつた。止むを得ずその由を言上に及ぶと、忠直卿は余は太刀と小太刀の勝負が見たい。高繩の逐電は殘念であるが今更どうすることも出來ない。せめてこの上は山崎兵左衞門と某との仕合が見たいと仰有つた、その時山崎は、吾は已に老いて、物の役に立ちません、嫡の小右衞門にどうぞ仰付を願ひたい、と申出た。忠直卿は御許になつた。そこで當年十六歳まだ前髪立の小右衞門は小太刀を携へて君前に召された。對手は名に負ふ强刀であつたが、小右衞門の小太刀や勝つてゐたのであらうか、天晴箕裘の技を辱しめなかつたので面目を施して退いた。後、忠直卿は兵左衞門を手討にしようと思召されて急に御呼び出しになつた。早速兵左衞門が君前に伺候すると、今日は御前と手合せがしたいと思つて呼んだんだ。間違ふと首が飛ぶが差支はないか。昔しの武士はこの邊が辛い。自分が本當に强くなければ甘んじて殺されてしまはなければならない。今から考へれば理窟に合はない仕事であるが、こういふ難かしい處を經てくるから眞に冴えた腕が出來あがつたのであらう。相手は眞劍此方木刀、謹で命を拜した兵左衞門、强く切込んで來た忠直卿の白刄を見事に小太刀で受け留めた。流石に疳癪の强い殿樣も腕の相違は仕方がなく、持つた脇差を抛げすて、嗚呼、貴樣の藝は神品だ、これを取つておけ、と云つて奥へ入つてしまはれた。

其後忠直卿は募る亂行が幕府の忌諱にふれて豐後中津に蟄居仰付つた。山崎は永井尚政に預けられた。嫡子小右衞門は將監と改め、その技漸く圓熟して、其の子兵左衞門と共に將軍家の台覽を忝うした。その子孫は越後に歸つて、中將光長卿に仕へて代々繁昌した。

伊藤一刀齋

伊藤一刀齋景久は伊豆の人である。鐘捲自齋に從つて、中條流の劍術を習つて技精妙を極めた。古藤田の傳書には景久は鐘捲の外各流を習つて其の宗を得て居つたとある。其の後諸國を遍歷して武藝者と仕合をすること三十三度、奧旨口舌の盡すところに非ず、死處は詳かでない。

古藤田勘解由左衛門俊直

古藤田勘解由左衛門俊直は相州北條の家臣で、少年の頃から刀槍の術を好んで習つてをつた。偶ゝ伊藤一刀齋が相州に來たので就いて學び、その宗を得た。俊直の子は仁右衛門俊重、その子彌兵衛俊定は箕裘の藝を繼いで家聲を揚げ、のち大垣戸田氏信に仕へて子孫繁昌した。其の末流を傳へる者は到るところにあつた。

神子上典膳忠明

神子上典膳はその祖先もと伊勢の人であつたが、典膳は早く上總に來り住んで居つた。若冠の時から刀槍の技が好きであつた。偶ゝ伊藤一刀齋が上總に來たといふことを聽いて、その宿を尋ねて、一本手合を願つた。幸ひ許されてやつてみたが到底齒が立たない。乞うて師弟の約を結んだ。また一說には、一刀齋天下を周游して上總國へ來た時である。宿の前に大きな立札を出した。其の文句は此國に劍術希望の者は望み次第勝負をしようと書いて、其の奥に自咏の狂歌が書いてある。これを讀んだ人達は餘りに人を喰つた仕打に憤慨したが、天下の名人といふ評判に恐れて行き手がない。然し御子上ならば、せめて合討位までならやつてやれないことあるまいと話が決まつて、御子上は一刀齋の旅宿を訪れた。出て來た一刀齋は御子上の姿を見て、「かねて名前は承知してゐるが、御前ぢや到底儂の敵ではあるまい。あつたら若い者の命を取るのも不便だ。乃公はこれでよろしい」一尺許りの薪を取り上げた一刀齋は、御子上に「お前は太刀なと木刀なと好きな道具を取んなさい。」と云つた。二人は立ち向つて勝負を爭つた。御子上は自分の差料波平行安二尺八寸を右脇に構へて進んだ。一刀齋はそのまゝ御子上の刀を奪つて、側の薪を載せてある棚の上へ置いた。御子上は何にが何んだか判らない。暫らく考へてゐたが不思議でたまらないのでもう一遍試合を望んだ。「若い者の修業だから何遍でもよろしい。氣のすむまで掛つておいで」と云つた。今度は三尺許りの木刀を以て立ち向つた。そして師匠允可の極意を盡してわたり合つたが、一刀齋の衣服にさへ觸ることが出來ないで木刀を落されてしまつた。何遍やつてみても同じ結果になるのであきらめて立去つた。家へ歸つて種〻追想してみたが、一刀齋の技術があまりに秀れてゐたので見當がつかない。神樣を對手にしてゐるやうでもあり、水と立向つてゐるやうでもあつて、手應がない、そのうちに此方は負かされてゐる。氏神の仕業とでもいふのであらう。この人こそ本當の師匠だ。それに違ひない。――と思つて翌日その旅宿を音信れた。一刀齋は已に立つてしまつたので、行衛を慕つて追付き、希うて師弟の約を結んだ。

　前後二樣の咄しには多少の相違はあるが、要するに典膳が負けて伊藤一刀齋の弟子になつたといふ一事には間違ひはない。一刀齋は典膳の乞をいれて、その技術を敎へ、それから諸國遍歷に發つて、翌年再び典膳の處へ來た。更にその妙術を敎へて、云ふことには、技術を天下に輝さうと思つたら儂に從つて諸國を歷遊しなさいと云つた。喜んで典膳は師に從つて漫遊の途についた。

一刀齋の弟子で善鬼といふ者がをつた。技は精妙であつたが、一刀齋は人柄を憎んでいつかは殺してしまふと考へてをつた。或る時典膳に善鬼戮殺の意を打ち明けて、まだお前の腕では覺束ないかもしれないから此太刀を以て斬れと云つて夢想劍を傳へた。そして總州相馬郡小金原の付近に行つて一刀齋は典膳と善鬼を呼んだ。自分は少年の時分から刀法を好んで、諸州を歷遊した。いま私しを立越えて上手といふ人は日本國中には幾どない。志願已に足つたので、秘藏の瓶割刀をお前達に授けておかうと思ふ。然し一本の太刀を二人に遣るわけにはいかない、この廣野で優劣を定めて、勝つた者に授けやうと云つた。善鬼と典膳は大に喜んで、刀を拔いて勝負を爭つた。その結果善鬼は典膳に負けて殺されてしまつた。一刀齋は大いに喜んで、瓶割刀を授けて、今後儂は劍術とは緣を絕つて佛道に這入らうと思ふ。御前はこの術を以つて名を世に揚げなさいと云つて何處ともなく飄然立ち去つてしまつた。善鬼の舊家には一本の松を植ゑて、里人は善鬼松と呼んでゐる。典膳はその後技益精を加へて、後江戸駿河臺に來り住んだ。

當時江戸の近隣膝折村に一人の武藝者が居つて、人を殺し民家を籠居して村人の手に餘つて、村長某は遂に出府して決斷所に訴へた。そしてこれをよく斬り得るものは御子上典膳であらうと付加した、その事が將軍の御耳に入つて、小幡勘兵衛景憲を檢使として典膳と共に其の村へ遣した。典膳は其の民家の前に行つて、大聲叱呼して、「上の命で江戸から來たものだ、御前と尋常に勝負をしよう、但し內に這入らうか、それとも其方から出てくるか」と訊ねた。典膳の名前を聽くことは久しい。今逢ふとは思ひがけない幸だ。出でゝ一戰闘致さうと云つて內なる武藝者は大太刀を拔いて飛び出して來た、典膳馳せちがひさまに二尺の刀を拔いて、その兩手を斬つて落した。そして首をはねやうか、否かを景憲に尋ねた。景憲諾いたので其の首を斬つた。環視の連中はその神速に舌を卷いて驚ろいた。景憲はその有樣を家康に逐一言上した。家康は喜んで采邑三百石を賜うた。爾來典膳は外祖父の名を繼いで小野二郎右衛門忠明と云つて代々幕府に仕へた。

伊藤典膳忠也

伊藤典膳忠也は小野忠明の子である。父の業を繼いで大いに家名を揚げた。父忠明は前回にも已に云つたとほり名譽の劍道家で、一刀齋景久から伊藤の稱號と並に瓶割の刀を授けられたのであるが瓶割の刀は、一刀齋景久が携へて、三十三度の試合に用ひた一文字の刀で後忠也に傳へられた。忠也の門中龜井平右衛門忠雄が特に傑出してをつたので、伊藤の稱號と一文字刀を授けられて、第四世となつた。忠雄は德川將軍に仕へ元祿四年辛未五月九十一年で卒した。嫡子平助其の業を繼いだのであるが不幸早世して、弟平四郎跡を承繼して一刀齋五世となつた。五世は寶永四丁亥八月十四日六十八で逝つた。また根來八九郎重明といふものがあつた。忠雄の弟であつて忠也の弟子であるが二本松丹羽侯に仕へ、後致仕して大いに鳴らした。天和二年八月十八日七十八歳で歿した。以上伊藤家の略傳である。平右衛門忠雄の墓誌銘があるので和譯し再錄しておく、井藤平右衞門忠雄墓誌銘、君は本姓穗積氏龜井諱は忠雄平右衞門はその號である。世々紀州藤代鄕重根邑に居つた、父は右京吉重、母は北條氏直の臣依田大膳の女、吉重生年九歳のとき、十四歳になる某氏の子と遊んでをつたが、なにかのはづみで兩人は喧嘩した。吉重手に持た刄で相手を殺してしまつたので、寇を根來寺に避け、名も根來と改めた。長じて東武に遊び依田氏を娶つた。慶長六年辛丑四月晦日君を生んだ。君は幼少の時から親孝行で、また英氣濶達父の氣風をよく禀けてをつた。八歳の時家に使つてゐる者で性質の良くない奴がをつた。年は十九歳であるが、兎角君に對して無禮の行爲が多いので匕首を提げてこれを殺してしまつた。十四歳劍を小野二郎右衞門忠明に學び、忠明の歿後其の息井藤典膳忠也に從つて積習力效終に奧秘を悟り、同遊門弟中その右に出づるものが無かつた。忠也は遂に相傳の印證と一文字刀とを授けて、一刀齋第四世として伊藤の姓を冒さしめたのであるが、伊を改めて井と爲した。井伊は音の近いばかりでなくなにかそこに意見があつたやうである。業を繼いで以來忠雄の技は一日は一日より精しく、實を盡し神に入つた。且つ天理の說を唱導して門下日に增し殷盛を極めた。元祿四辛丑年九十一歳で歿した。三男一女がある。長仲景早く去つて、忠貫跡を襲ひ季は元の姓氏を名のり、女は荻原氏に嫁した。蓋し劍道家として君のやうに長壽を得た人は罕れであつた。その銘に曰く、

爲レ子孝謹　爲レ父義方　拍擊之妙　肉身之防　四傳原流　孤劍淸霜　世々相承　於戯不忘

小野次郎右衞門忠常

小野次郎右衞門忠常或は忠勝は小野忠明の子である。刀術を父に習つて、その跡を繼いで、德川家に仕へた、世

人推して小野流と云つてをる、寛文五乙巳年十二月七日卒す。その子次郎右衛門箕裘の業を繼いで等しく将軍家に奉仕して、正德二壬辰年十二月卒、其の子助九郎父祖の業を紹述して名を一世に擧ぐ。

間宮五郎兵衛久也

間宮五郎兵衛久也は伊藤忠也に從つてその宗を得、後藝州侯に仕へ劍を以て大いに鳴つた。名を高津市左衛門と改めた。子五郎兵衛久也の藝を繼いで藝州侯に仕へた。然し久也の實子は高津五平であつて、五郎兵衛之行を養つて後、家業を授けた。また忠也の門に溝口新五左衛門と云ふ者があつた。等しく精妙の技を喧傳されてをつた。

梶新右衛門正直　一刀流梶派

梶新右衛門正直は小野忠勝に從つて學んだ。同游多士、新右衛門に及ぶものがなかつた、後其の技益々熟して幕下に奉仕して、大番列となつた。天和元年辛酉十二月十八日に卒した。弟子に原田市左衛門といふものが居つた、その宗を得て名高く、今推して梶派一刀流と云つてをる。

神後伊豆守

神後伊豆守は上泉伊勢守に從つて諸國を修行した。徴妙の劍は将軍義輝の召見にあづかり其の傳を授けた。後關白秀次また伊豆守を召して從ひ學んだので、神後の門に遊ぶの士は數多あつた。服部藤次兵衛が最も傑出して居つた。服部は始め平安城に居つたが後江戸に移り住んだ。柳生但馬守は將軍家の師範であるが、台命により眞明劍を服部に尋ね、服部は謹んで委曲を言上した。同門には和田兵齋、土屋將監が居る。神後は兵齋の豪氣にして術に精しいのを愛し上泉相傳の伽羅を兵齋に傳へた。將監は奥州に赴いて行く處を知らず、佐竹の、家臣渡邊七郎右衞門がその跡を繼いだと傳へられてをる。

神後伊豆の傳書に、往昔淸盛劍術を好んで妙を得。鞍馬の僧共の技を習ふ、後判官鞍馬寺にあつた時、彼の僧に從ひ學んで傳書を得られたが、後は之を下鴨社に奉納した。中興上泉伊勢守諸國歴遊の際下賀茂に參籠して靈夢を蒙りこの傳書を得た、仍て伊勢守は神慮を仰いで神陰流と號した。とあるが、上泉が諸州の遍歴は長野信濃守滅亡の後である、甲陽軍鑑の說より推して考へるに、我愛洲陰流といふ兵法を修得して工夫を加へ新陰流と致し諸州を遍歴致し度しと、武田信玄に申出た言によつて新陰の名は修業以前に存してをることが判るが、下賀茂の靈夢によつて新陰を神陰に改めたものか、三谷正直の話しに伊勢守が諸國を歴遊の時のことである。ある村に差しかゝつたら大勢の人が騷いで居るので何が起つたのかと思つて、側の人に訊ねると、罪人が子供を人質にとつて此家に這入つてをるのですが、どうすることも出來ないで皆騷いでゐる次第ですと答へた。伊勢守は聽いて儂が摑へてやらうと云つて、折柄來かゝつた僧侶に御願がある。我の髮を剃つてあなたの法衣を借していたゞきたいと賴んだ。イト安いことゝ僧は諾して伊勢守の頭を剃つて法衣を借し與へた、そこで伊勢守は法衣の懷に握飯をしのばせて、その家へ入つていつた。案の定科人は童を引据ゑてそこに居つた。來ると危い。第一坊主の出てくる幕ぢやないと怒鳴つた。いや子供が腹が空つたらうと思つて握飯を持つて來たんだ。せめて飯なと喰はしてくれ、子に罪はないのだからと云つて懷から握飯を出して子供に投げた。君もどうだと云つて序に出したら科人は手を出したので飛掛つて引倒して子供を奪つて出て來た。村の人達は大變嬉んで禮を云つた。科人は寄つてたかつて殺してしまつた。伊勢守は法衣を僧侶に返した。僧の云ふのに君は豪傑だ。儂は坊主だが君の勇剛には感服した。實に劍刄上の一句を悟つた人である、と云つて伊勢守に伽羅を與へて立ち去つた。伊勢守はこれを秘藏して離さなかつたが、神後伊豆守が第一の弟子であつたのでこれに贈つた。後神後は兵齋の豪氣を愛して之れに贈つた。

疋田文五郎

疋田文五郎は上泉伊勢守に從つて諸州を修行してあるいた。關白秀次は其の精妙を聞いてこれを營中に召して習つた。疋田の門に遊んで傑出してをつたものは山田浮月齋、中井新八等であるが、中井は寺津兵庫に仕へて唐津に行つた。或る人の説に疋田は上泉の甥であるとあるが眞僞は明らかでない。娘は疋田小伯と號して居つた。その末流は疋田陰流と號して諸國に點在してをる。

柳生但馬守宗巖

柳生但馬守宗巖は和泉國柳生の人である。先祖代々柳生の鄉に居つた。菅原道眞公の後胤であつて、父を因幡守重永と云ひ、兄を美作守宗巖と云つた。宗巖はは幼少の時から武藝を好んでをつた。時に上泉伊勢守が神後伊豆守、疋田文五郎等を從へて、柳生に來たので宗巖は伊勢守に謁してその教を乞うた。和泉守は應諾して、その技を教へまた疋田文五郎を柳生に留め神後と共に他邦に去つたが再び柳生に來つて、その奧秘を宗嚴に授けて云ふやう、宗嚴の刀法精妙深旨到底我が術の及ぶところでないと、茲で誓書を宗嚴に授けて去つた。後將軍義昭、織田信長の再三の招募に、遂に應じて信長に仕へた。從つて列侯諸士宗嚴の門に遊ぶものは數ふるに遑あらずといふ程夥しかつた。慶長五年關原の戰役以後、東照宮の命により刀術のことを言上して面目をほどこした。晩年聲望四海を壓し同十七年高齡八十歲を以て世を去つた。嗣子又右衞門尉宗矩は文祿三年初めて家康に謁し、上杉景勝背叛の時は家康に從つて、野州小山に在つた。時に石田三成の亂起つて、宗矩家康の命を受け急遽和泉國に歸つた。この時父宗嚴は、上方に在つて忠勤を勵むべき由の書を拜した。天下一統の後柳生の領を宗矩拜し、父祖の業を繼いで、後從五位下但馬守に叙せられ、二代、三代の兩將軍に仕へた。或る時は將軍宗矩の館へ渡らせられたこともあつた。武威海內に輝いて、正保三年三月廿六日歿した。年を享くること七十有五、朝廷に於いては從四位下を贈られた。その子飛驒守宗冬父の業を相續した。宗冬始めは主膳俊矩と號し、寬文七年始めて將軍家光に謁し、明曆二年從五位下に叙せられ、寬文八年二千石の加贈あつた。宗冬は延寶三年九月六十三歲で卒した。對馬守宗有其の跡を繼いだ。

丸目藏人大夫

丸目藏人大夫は平安城の人で朝廷北面の士であつた。上泉伊勢守に從つて刀槍術に達し、後西國に移つた。弟子が非常に多かつたが、奧山左衞門大夫がその最たるものであつた。後流技の稱を改めて心貫流と號し、末流は今猶存して居る。

那河　彌左衛門

那河彌左衛門は刀槍の術を上泉伊勢守に習つて、畿內中國を修行してその名をうたはれた。

柳生五郎右衛門

柳生五郎右衛門は但馬守の子である。刀槍の術に達し、後松平伯耆守忠一に仕官しようとして、橫田內膳村詮の館にをつた。ときに忠一侯故あつて村詮を誅したので、村詮の子主馬助は兵を擁して飯山城に籠居した。忠一は早速兵を送つて之れを圍んだ。柳生五郎右衛門は震撃勇威を振つて數人を斃して討死した。

柳　生　兵　庫

柳生兵庫は但馬守宗巖の子である。父の藝をついで刀槍の術に達した。後年は尾州義直卿に仕へ、子孫尾州に在つて采邑五百石を食んだ。

柳生十兵衛三巖

柳生十兵衛三巖は宗矩の子である。三巖の刀術至妙神技徧く世人の知る處である。娘二人あつて長女は跡部宮內、二女は渡邊久藏保に嫁した。

木村助九郎

木村助九郎は但馬守宗矩に從つて學び、新陰流の達人であつた。後年紀州賴宣卿に仕へ采邑五百石を食んだ。始め宗矩家光公を敎へた時、助九郎は御合手仰付つた。後家光公の御前に諸國の武術者が召された時、助九郎も紀州から召出されて拜顏の榮を賜はつた。同時に村田與三といふ者が居つたが、これも劍道名譽の者であつて、賴宣卿に召出されて奉仕した。

出淵平兵衞

出淵平兵衞は柳生宗矩の術を傳へて、その妙旨を悟り後越前宰相忠昌卿に仕へて、その名をうたはれた。

庄田喜左衞門　庄田流

庄田喜左衞門は柳生家の家人で新陰流の奧秘に達し、武江に來て名を擧げた。世人は其の術を庄田流と呼んでをる。後榊原忠次に仕へた。

上坂半左衞門安久　奧山念流

上坂半左衞門安久は始め臨濟宗の出家であつた。刀術を好んで精妙の域に達し潜に念流と號してをつた。中山角兵衛家吉はその技を繼いで奥旨を得た。家吉門下數十、飯野加右衛門尤も傑出して居つた。世にその傳を奥山念流と呼んで居る。

川崎鑰之助

川崎鑰之助は越前の人だとも云ふが出生の地を詳かにしない。上州白雲山に祈つて、劍道の妙旨を悟り、東軍流と號して居つたが秘して傳へないので學ぶ者が至つて罕であつた。五世孫川崎二郎に至つて、其の奇を得て顯はれた。一說に東軍坊者といふ達人が居つて鑰之助はこの人に學んで東軍流と號したとも云はれてをる。

因に上州白雲山の神は波己曾神と云つて今に小祠がある。妙義坊を祭るのは後世佛者のやつた仕事であると、三代實錄に上野國從六位下波己曾神に從五位下を授けらるとあるが、これが白雲山の神であらう。

川崎二郎太夫

川崎二郎太夫は川崎次郎の後昆である。また一說には奥州の人であると、諸國を遍歴して武名を顯揚した。或る時上野熊谷で、土地の劍術者某と勝負を争つて遂に之れを殺したので、門下同派の士讐を報ぜんと二郎太夫を索めた。潜かに熊谷を脱して他鄉へ奔つたが、遂に武州忍原で追付かれ數十人に取り圍まれた。奮擊相戰つたが力及ばず疵を被むること三ヶ所擒へられて江戶へ護送された。然し格別の御咎もなく許されて、剩さへ其の技の秀絕を褒められた。阿部正秋に仕へたが後年致仕して本鄉に住した。同志の士日々に聚まつて、武名高く天壽を得て卒した。

東軍二郎太夫と稱されてをるのはこの人のことであつて、門下の士高木甚左衛門入道虛齋傑出して、其の流を紹述した。

衣斐　丹石入道

衣斐丹石入道は美濃の武人である、號して丹石流と云つてをる。丹石は東軍坊を師として其の宗を得たので、天台山東軍流とも云はれてゐる、飯沼牛齋丹石に從つて、其の宗を得、末流は今諸州にある。

瀨戸口　備前守

瀨戸口備前守は薩摩の人、島津の家臣である。壯年より劍を學んで技精に達し、後伊王瀧に入つて、自源坊に逢ひ妙旨を悟つて自源流と號した。末流は諸國にある。

自源流刀術者の傳ふるところによれば、瀨戸口備前は刀術の妙旨を悟らんとして伊王瀧に籠ること三日三夜、時に自源坊といふ天狗が飛んで來て、其の妙旨を授けたと云ふことである。

著者私かに按ずるに、自源坊は慈音胤榮の類ではなからうか、天狗とは牽强附會の說である。

宮本　武藏政名

宮本武藏政名は播州の人で、赤松の庶流新免氏である。父を新免無二齋と云ひ十手刀術の達人であつた。そこで政名思ふに十手は非常の器ではない。常に佩びてをる處の二刀を以て十手に換へたら、その利は幾何であらう。そこで二刀の工夫をして技漸く熟し十三歳の時、播州の有馬喜兵衛と勝負をした。十六歳の時但馬で秋山と勝負をして之れを殺してしまつた。平安城に於いては吉岡と勝負を決し勝つた。後年船島において佐々木巖流を撃殺した。勝負の數凡そ六十有度、自ら日下開山神明宮本武藏政名と號して威名四海に徧く末流諸國にあり、關原役、難波の役に勇名を轟し、寛永年中島原一揆の時は細川家に屬して之れに赴いた。正保二乙丙年五月十九日肥後熊本城下に沒した。法名は玄信二天と云つてをる。

その墓誌に臨機應變は良將の達道である。講武習兵は軍旅の用事である。心を文武の門に遊ばし、手を兵術の場に舞はして、譽を逞うしたる者を何人と爲すや、播州英賀赤松之末葉新免武藏玄信號二天は資性曠達にして細行に拘らず、蓋しかくの如き人を言うのであらうか。武藏玄信は二刀兵法の元祖である。父新免は無二と號し十手の家であるが、武藏父祖の業を繼いで朝鑽暮研思惟考索あきらかに十手の方が刀よりも便利であることが判つたが如何せん十手は常用の器ではない。然し二刀は腰間の具であるので、二刀を以て十手の様に代へたらどうだらう、恐らくその徳違ひあまるいと信じて、十手を改めて二刀の家とした。誠に舞劍の精選である。時に眞劍を飛ばし時に木刀を投げて、走者避くる能はず、その勢恰も强弩を發して百發百中、古への養由基もよもやこれには及ぶまいと思はるゝやうな上達振りであつた。十三歳で播州に來て新當流の有馬喜兵衛と雌雄を決して忽ち勝利を得、十六歳の春は但馬國に行つて秋山と呼ぶ力の强い武藝者と勝負を決して、反掌の間に之れを撃つて殺した。かくて名勢漸く揚り、後京都に至つて、吉岡清十郎と洛外蓮臺野で龍虎の威を爭つて雌雄を決した。吉岡は京都にあつて扶桑第一の兵術者と號してゐる刀術の棟梁であつて、淸十郎はその嫡子であつたが武藏の一撃に倒れて氣絶してしまつた。戸板に乘せて門弟等に運び出され藥治溫治の効によつてからき命を取り止めたが、遂に兵術を棄てゝ薙髪してしまつた。その後吉岡傳七郎とまた洛外で雌雄を決した。傳七は五尺餘寸の木刀を袖にかくしてやつて來たが、忽ち木刀を奪はれ地上に捩じ伏せられて殺されてしまつた。吉岡の弟子達の憤りは今や頂上に達して、このまゝでは納らなくなつた。何んとかして別の手段を考へて、あの武藏めを殺してしまはうと、よりよりに協議をした。そこで吉岡又七郎は兵術に事よせて洛外下松邊に武藏を呼んだ。豫め用意をした弟子達數人は弓矢太刀を忍ばせて、今日こそと手ぐすね引いて武藏の來るのを待ち受けてゐる。一方武藏には、兼ゝ用意があつて、敵の容子は手に取るやうに判つてゐた。故に弟子達を呼んで、お前達はこれから速かに立ち退くやうに、敵は何十人あらうとも蚊の集りのやうなものだ、忽ち追ひ散らしてみせるから、儂の事は心配せんで宜敷しいと云ひ渡して、單身乘り込んで吉岡の門弟を盡く追ひ退けてしまつた。その勇猛果敢に洛陽の人は舌を卷いて驚ろいた。これより先吉岡家は代々將軍家の師範であつた。故に扶桑第一兵法術者の號を許されてをつたのである。將軍義昭の時新免無二と吉岡は呼び出されて兵術の勝負を決した。勝負三本、吉岡一度勝、新免二度勝、こゝに於いて新免無二は日本無雙兵法術者の號を許された、故に武藏出京以來吉岡との數度の爭ひに吉岡家の兵法は打ちまかされて泯絶してしまつた。當時兵法の達人で巖流と云ふ男が居つた。武藏に勝敗を挑んで來た。巖流は眞劍を用ひたいと云つた。武藏は君は眞劍を揮つてその妙を揮ひ給へ、儂は木刀でお對手しよう。兩人の約束は成つて場所は豐前と長門との間にある船島と決つた。巖流は三尺餘の白刃を揮つて秘術を盡した。武藏は木刀を揮つて、之れを一撃に殺してしまつた。以來船島を改めて巖流島と云つてをる。武藏は十三歳より壯年に至るまで刀法試合の數六十餘度、一遍も勝たなかつたといふことは無かつた。そして勝敗は對手の眉間を打たなければ勝味はないと云つてをつた。京洛の間古來武藝者の輩出する其の數は、幾十萬を以て數へるであらう、然し兵法の威名四夷に遍く其の譽絶えざるものは武藏一人と云つてもよい。武藏が常に云つてをる言葉に兵術は、手術心得一毫も私しがなければ恐らく戰場に於いて大將を率ゆることもまた一國を治めることも難かしくはあるまい。と、關原の役、大阪の陣、武藏の武勇は已に人口に膾炙してをるので今更說く必要があるまい。また武藏禮樂射御書數に通じてをつたばかりでなく、日用の小藝に至るまで通じないものとては一つもなかつた。思ふに大丈夫の一體であらうか、附記これは宮本武藏の碑文によつて書く。

中村守利の話しに巖流と武藏との試合は、故老の話しによると、當日は老弱貴賤已れも已れも船島に押しかけて船島の渡しは大變であつた。巖流も船付場へ行つて渡船に乘つた。今日は渡海者が多いが何にかあるのか、と船頭に訊ねた。貴君は御存知ないのか。今日巖流といふ武藝者と宮本武藏とが船島で試合をするといふので未明から見物人が引きもきらないのだと答へた。そこで巖流は、儂はその巖流だと云つた。船頭は驚ろいて「へエ貴君が、あゝそうですか。ではどうでせうこの船を他所へ着けるから、早く御逃げなさい。たとへ貴君に天魔鬼神の力があつても宮本の黨は大變な數だ、決して無事では歸れませんから早く御逃げになつてはどうです。」と船頭は勸めた。巖流曰く、御前の云ふとほり今日の試合に生きて歸るといふことは一寸六つかしいかもしれない。然し一旦武士が約束した以上には枉げられない。吾は船島で死ぬだらう、死んだと聽いたら一片の回向たのむと云つて懷中から鼻紙袋を出して船頭に渡した。已に船島へ着いて武藏を待つてをるとやがて武藏も見えて精を勵して戰つたが及ばなかつた。また一說に武藏は島に赴く途中棹の折れたのを船頭から譲り受け、脇差を拔いて持つ所だけを細く削つてこれを持つて勝負をした。巖流は物干ざほと名付けた三尺餘の太刀を用ひた。この時兩人は殆んど相討であつたが武藏の得物が長かつたので巖流は頭天を打たれて斃れた。息やある、と近寄る所を巖流は燕返へし（本圖二二參照）に武藏を斬つた。武藏は危く飛び上つたけれど袴の裾を斬られた。

武藏吉岡との試合に武藏は柿色の手拭、吉岡は白手拭に鉢卷をして、吉岡の太刀、武藏の額に當り武藏の太刀また吉岡の額に當つた。吉岡の鉢卷は白であつたから血が早く表らはれた。また一說に吉岡はこの時前髪立ちの少年であつた。弟子一人を連れて武藏より早く試合の場所に來て武藏を待つてをつた。武藏は、竹輿に乘つてやつて來た、竹輿から降りて袋に入つた二刀を出して左右に携へて出て來た。吉岡大木刀で武藏を打つ、武藏は是を受けたが鉢卷を落とされた。武藏體を沈めて拂木刀に吉岡が皮袴を切る、孰れも勝敗のない達人の試合であると云つて見物人は驚ろいた。またある說に武藏は二刀遣ではあるが試合の時に二刀を用ひた例がない。吉岡と試合の時も一刀であつた。孰れが眞であるか劇かに判斷は下し得ないので併せてこれを誌す。

或る人の曰く武藏が播州に居つたときである。夢想權之助といふ兵法遣が尋ねて來た、武藏は恰度楊弓の細工をして居つた、權之助は兵法天下一夢想權之助と背中に書付た羽織を着て大木刀を携へてをつた。武藏は楊弓の技を以て立合つて權之助を働かせなかつたと。

青木　城右衞門

青木城右衛門は刀術を宮本武藏に習つて二刀に達し名を華夷に顯はした。後に鐵人と號した。

吉岡拳法

吉岡は平安城の人である。刀術に達して室町將軍家の師範となつて兵法所と云つてをつた。或る人の曰く、祇園奉行といふ刀術の達人があつた。吉岡はこの人に就いて、その術を相續したのだと、また或る一說には吉岡の刀法は鬼一法眼の流れで京八流の末であると、京八流は鬼一の門人鞍馬の僧八人のことである、吉岡と宮本との勝負は共に名人同志で、其の勝敗は判然らなかつた。其の子又三郎父の業を紹いで名あり、慶長十九甲寅年六月廿二日のことである、朝廷に於いて猿樂の興行があつた。一般の人にも拜觀の御許しがあつたので、吉岡もその席に連なつてをつた。偶雜色が誤つて杖を吉岡に當てたので吉岡は憤つて、一旦禁門を出て自宅に歸り刀を衣服の下に隱して來てその雜色を斬殺した。忽ちその席は亂れて大勢の雜色は吉岡を殺さうと犇きかゝつた。吉岡は物とせず、舞臺に登つて息をしづめて、雜色の群り寄つてくるのを待つて、飛下りて之れを斬り、パツと走せ散ると再び舞臺に上つて待つてゐる、こうしてをること五六度、雜色は散々にうちのめされて手負死人が出るばかりであつたが、吉岡は後袴の紐が解けたのに氣がつかないで誤つて躓き仆れた。これ幸ひと、一時にかゝつてこれを斬殺した。この時吉岡の一族はその場に居つたが、敢て騷がず只その働を見てをつたので、板倉重宗は吉岡一族の沈勇に感じて敢てその罪を問はなかつた。

雍州府志に西洞院四條の吉岡氏始めて黑茶色の染物を發明した。世にこれを吉岡染と云つてをる。この染物は非常によく出來てゐて染物の手本になつたので憲法と世人は呼んでをつた。吉岡の先祖はこれであつて、後劍を學んで、吉岡流と稱して今に行はれてをる。

大野將監

大野將監は天正中の人である、鞍馬流を行つてその妙旨を悟り世に鞍馬流と稱してゐる。一說に小天狗鞍馬流とも云ひ判官義經の傳だとも云つてをる。

神社考に源義經幼名は舍那王、平治の亂後鞍馬寺に入つて僧正谷に異人に遭ふ。異人義經に兵術を授け且つ盟つて曰はく舍那王の護神たらんと、爾來屢ゝ僧正谷の異人に遭うて刺擊の法を學び牛若の舞劍は精を加へた。十五歲の時奧州に降り、壽永元曆の際は平氏を西海に亡ぼして武功四海の首位に居つた。

松井左馬助

松井左馬助は常州鹿島の人である。十四歲から劍を學び長ずるに及んで精を加へた、後伊奈半十郎忠治に仕へて武州赤山に居つた。一派を立てゝ其の流名を願流と云つてをつた。仙臺少將伊達忠宗公その名を聞かれて、伊奈氏に乞うて仙臺に三百石で招聘せんとした。伊奈氏その旨を領して松井にこの旨を話したが松井は千石ならばよろしいがそれ以下なら御免を蒙ると云つて從はなかつた、伊奈も持て餘して忠宗公に然然と打開けて話をした。忠宗公笑つて曰はく吾も承知はしまいとは思つてをつた。祿は望みとほり與へやうと云つて、こゝに松井は行つて伊達侯に仕へた、その後將軍の召に應じて出府、阿部道世入道と相手をして其の技を台覽に供した。後髪を剃つて蝙也と號し奥州に歿した。

方波見備前守

方波見備前守は北條氏康の家臣で諏訪流刀術の達人である。同時に荒井治部といふ者が居つた。京流の達人で其の技精妙を竭した。

北條記に近江六角殿浪人荒井治部少輔は甘縄左衞門の大夫の家中であるが京流兵法の名人。又方波見備前は諏訪流の名人、荒井治部の甥横江彌八は奥州へ武者修行に行つて會津殿を弟子に取り、諸州と試合をして名聲をあげた。

前原筑前守

前原筑前守は上州小幡の家臣である、刀術の妙を得また軍配に精しかつた。また山本勘助晴幸入道鬼達は京流の刀術に達し、鬼一法眼の流れを汲んだ人であつた。

木曾庄九郎

木曾庄九郎は房州里見の家臣、源流刀術の達人であつた。

林崎甚助重信

林崎甚助重信は奧州の人である、林崎明神に祈つて刀術の精妙を悟つた。此の人は中興拔刀の始祖である。北條五代記に長柄刀の初りは、明神が老翁の姿に現じて、長柄の利を林崎甚助に傳へたのだと記してある。筆者の記錄に明神とは鹿島の神かと疑問があるが、奧州楯岡に林崎明神といふ神社がある、甚助祈願の神はこの神か。

田宮平兵衛重正

田宮平兵衛重正は關東の人である。林崎重信に從つて拔刀の妙を得た。その技變を盡して入神、後對馬と改めた。その子對馬守長勝箕裘の藝を繼いで池田三右衛門尉輝政に仕へた。後致仕して常兼と改め紀州に行つて大納言賴宣に仕へ采邑八百石を領した。其子掃部長家のち平兵衛と改めた。三代將軍田宮の藝を御所望遊ばされ江戸表へ召されて、台覽に供して以來其の名金城にうたはれた。其の子三之助朝成後常快と號し、其の子次郎右衛門成常、箕裘の藝を繼いで中納言吉宗に奉仕した。その末流は諸國に點在してをる。

長野無樂齋槿露

長野無樂齋槿露は刀法を田宮重正に學んで精妙を得、後井伊時從に仕へ九十餘歳で卒した。

一宮左大夫照信

一宮左大夫照信は甲州武田の家臣土屋惣藏の麾下に屬し合戰毎に武功があつた。天正八庚辰年九月武田勝頼上州膳城を攻伐の折、一宮は脇又市と與に城の戸口から攻め入つて槍を合せて勇名を轟ろかした。刀法を長野無樂齋に學んで其の妙旨に達し、今に一宮流と云つて末流が諸國にある、また同時に上泉孫次郎義胤といふ者があつた。無樂齋と共に神妙をうたはれてをつた。

丸目主人正

丸目主人正は何處の人であるか判然しない。壯年の時から刀法を好んで、殊に拔刀の妙旨に達してをつた。臨機應變當時其の右に出るものがなかつた。潜に一傳流と號してをつた。國家彌右衛門といふものがその傳を得て朝山內藏助に之れを傳へた、朝山はこれを海野一郎右衛門尙久に傳へ、尙久はこれを金田源兵衛正和に傳へた、正和の門人若干、日夏彌助能忠が一番精妙と稱せられて居る。

片山伯耆守久安

片山伯耆守久安は弱年の頃から刀術を好むでをつたが拔刀は殊に精妙であつた。或る時阿太古社に參籠して、その奥旨を得んことを祈願した。この夜夢に貫の字を見、醒めて後明悟した。關白秀次其の術を聽いて營中に召してその藝を學んだ。慶長十五庚戌の年仲呂八日その藝を以て參內從五位下伯耆守に敍せられ、芳名四海に溢れた。後周防に行つて、また藝州に移り、再び周防に往つて卒した、其子伯耆久勝跡を繼ぎ、後江戸に來て大いに鳴らしたが後年は周防に移つた。その末流は諸國にある。

三谷正直の言に曰はく、伯耆守久安周防より藝州に來る。淺野家の家臣多く從ひ學び、大桑淸右衞門殊に精絶であつたと。

成田又左衞門重成

成田又左衞門重成は武藏の人、片山久勝に學んで其の宗を得た。石尾伊兵衞季重その傳を得、相原鄕左衞門是平其の傳を繼ぎ、是平門下の中では藍原源太左衞門宗正が殊に傑出して居つた。

土屋市兵衞

土屋市兵衞は刀術を好んで殊に拔刀は精妙であつた。始め越前に居り後越後に移り、中將光長卿に仕へた。天野一學は土屋に學んで其の宗を得、共に光長卿に仕へた。

書中山博道先生著劍經後

一卷長傳練武功　膽剛如鐵養英雄
二千餘歲何忘亂　治國精神在此中
易水歌成不見豪　爲龍爲虎笑繙韜
丈夫須學神來術　海外揚光日本刀

野口駿尾

昭和十二年八月二十六日印刷
昭和十二年八月三十日發行

日本劍道と西洋劍技奥付

〔定價金參圓五拾錢〕

著作者　中山博道
東京市本鄉區眞砂町三十二番地
著作者　中山善道

發行者　吉田榮右
東京市京橋區銀座西三丁目三番地
株式會社審美書院代表者

印刷所　株式會社審美書院
東京市京橋區銀座西三丁目三番地

發行所
東京市京橋區銀座西三丁目三番地
株式會社審美書院
電話（56）一二五番・三五五番
振替貯金口座東京三五八七番

〈復　刻〉

日本剣道と西洋剣技（オンデマンド版）

二〇〇二年四月十日発行

著者　中山博道・中山善道

発行者　橋本雄一

発行所　㈱体育とスポーツ出版社
東京都千代田区神田錦町二―九
電話（〇三）三二九一―〇九一一
FAX（〇三）三二九三―七七五〇

印刷所　㈱デジタルパブリッシングサービス
東京都新宿区西五軒町一一―一三
電話（〇三）五二二五―六〇六一

ISBN4-88458-134-2　Printed in Japan　AA784